EUROPA-FACHBUCHREIHE
für Metallberufe

W0373931

Formeln für Metallbauberufe

Bearbeiter

Bulling, Gerhard	Studiendirektor	München
Dillinger, Josef	Studiendirektor	München
Weingartner, Alfred	Studiendirektor	München

Lektorat und Leitung des Arbeitskreises
Alfred Weingartner, München

Bildbearbeitung:
Zeichenbüro des Verlages Europa-Lehrmittel GmbH & Co. KG, Ostfildern

5. Auflage 2013
Druck 5 4 3 2 1
Alle Drucke derselben Auflage sind parallel einsetzbar, da sie bis auf die Behebung von Druckfehlern untereinander unverändert sind.

Alle Rechte vorbehalten. Das Werk ist urheberrechtlich geschützt. Jede Verwertung außerhalb der gesetzlich geregelten Fälle muss vom Verlag schriftlich genehmigt werden.

© 2013 by Verlag Europa-Lehrmittel, Nourney, Vollmer GmbH & Co. KG, 42781 Haan-Gruiten
http://www.europa-lehrmittel.de

Satz: Satz+Layout Werkstatt Kluth GmbH, 50374 Erftstadt
Druck: M. P. Media Print Informationstechnologie GmbH, 33100 Paderborn

Europa-Nr.: 16313 ISBN 978-3-8085-1635-5

VERLAG EUROPA-LEHRMITTEL · Nourney, Vollmer GmbH & Co. KG
Düsselberger Straße 23 · 42781 Haan-Gruiten

Inhaltverzeichnis

Mathematische Grundlagen

Naturwissenschaftliche Grundlagen

Fertigungstechnik

Grundrechnungsarten

Addition, Subtraktion, Multiplikation und Division zählen zu den Grundrechnungsarten. Man unterscheidet dabei zwischen den beiden Gruppen Strich- und Punktrechnung.

Rechnungsart	Rechnungsvorgang	Rechenzeichen	Ergebnis	Gruppe
Addition Subtraktion	addieren subtrahieren	+ plus – minus	Summe Differenz	Strichrechnung
Multiplikation Division	multiplizieren dividieren	· mal : geteilt	Produkt Quotient	Punkrechnung

Strichrechnungen
Bei Strichrechnungen handelt es sich um Summierungen, d. h. Additionen und Subtraktionen.

Regel	Zahlenbeispiel	Algebraisches Beispiel
Nur Zahlen mit gleichen Variablen können summiert werden.	–	$18a + a - 3a + 2b$ $= 16a + 2b$
Zahlen und Buchstaben können vertauscht werden (Kommutativgesetz).	$3 - 9 + 7 = 7 + 3 - 9$ $= -9 + 3 + 7 = -9 + 7 + 3$	$a - b + c = a + c - b$ $= -b + a + c = c + a - b$
Einzelne Glieder können zu Teilsummen zusammengefasst werden (Assoziativgesetz).	$3 + 7 - 9 = (3 + 7) - 9$	$a + b - c = (a + b) - c$

Klammern

Regel	Zahlenbeispiel	Algebraisches Beispiel
Klammern, vor denen ein Pluszeichen steht, können weggelassen werden. Die Vorzeichen der Glieder bleiben dann unverändert.	$16 + (9 - 5)$ $= 16 + 9 - 5$ $= 20$	$a + (b - c)$ $= a + b - c$
Klammern, vor denen ein Minuszeichen steht, können nur aufgelöst (weggelassen) werden, wenn alle Glieder in der Klammer entgegengesetzte Vorzeichen erhalten.	$16 - (9 - 5)$ $= 16 - 9 + 5$ $= 12$	$a - (b - c)$ $= a - b + c$

Punktrechnungen
Punktrechnungen sind Multiplikationen und Divisionen.

Regel	Zahlenbeispiel	Algebraisches Beispiel
Faktor · Faktor = Produkt	$2 \cdot 5 = 10$	$x \cdot y = z$
Faktoren dürfen vertauscht werden (Kommutativgesetz).	$3 \cdot 4 \cdot 5 = 4 \cdot 3 \cdot 5$ $= 5 \cdot 3 \cdot 4 = 5 \cdot 4 \cdot 3$	$a \cdot b \cdot c = b \cdot a \cdot c$ $= c \cdot b \cdot a = c \cdot a \cdot b$
Einzelne Faktoren dürfen zu Teilprodukten zusammengefasst werden (Assoziativgesetz).	$3 \cdot 4 \cdot 5 = (3 \cdot 4) \cdot 5$ $= 3 \cdot (4 \cdot 5)$	$a \cdot b \cdot c = (a \cdot b) \cdot c$ $= a \cdot (b \cdot c)$
Haben 2 Faktoren gleiche Vorzeichen, so wird das Produkt (Ergebnis) positiv. + **mal** + = + ; – **mal** – = +	$2 \cdot 5 = 10$ $(-2) \cdot (-5) = 10$	$a \cdot x = ax$ $(-a) \cdot (-x) = ax$

Grundrechnungsarten

Punktrechnungen

Punktrechnungen sind Multiplikationen und Divisionen.

Regel	Zahlenbeispiel	Algebraisches Beispiel
Haben 2 Faktoren verschiedene Vorzeichen, so wird das Produkt (Ergebnis) negativ. **+ mal – = –; – mal + = –**	$3 \cdot (-8) = -24$ $(-3) \cdot 8 = -24$	$a \cdot (-x) = -ax$ $(-a) \cdot x = -ax$
Ein Klammerausdruck wird mit einem Faktor multipliziert indem man jedes Glied der Klammer mit dem Faktor multipliziert. Man kann auch zuerst den Inhalt der Klammer berechnen und danach das Ergebnis mit dem Faktor multiplizieren.	$7 \cdot (4 + 8)$ $= 7 \cdot 4 + 7 \cdot 8 = 84$ oder $7 \cdot (4 + 8)$ $= 7 \cdot 12 = 84$	$a \cdot (b + 2b) = ab + 2ab$ $= 3ab$ oder $a \cdot (b + 2b) = a \cdot 3b$ $= 3ab$
Ein Klammerausdruck wird mit einem Klammerausdruck multipliziert indem man jedes Glied der einen Klammer mit jedem Glied der anderen Klammer multipliziert. Bei Zahlen können auch erst die Klammerausdrücke berechnet und danach hieraus das Produkt gebildet werden.	$(3 + 5) \cdot (10 - 7)$ $= 3 \cdot 10 + 3 \cdot (-7) +$ $+ 5 \cdot 10 + 5 \cdot (-7)$ $= 30 - 21 + 50 - 35 = 24$ oder $(3 + 5) \cdot (10 - 7)$ $= 8 \cdot 3 = 24$	$(a + b) \cdot (c - d)$ $= ac - ad + bc - bd$ $(a + 2a) \cdot (b + c)$ $= 3a \cdot (b + c)$ $= 3ab + 3ac$

Gemischte Punkte- und Strichrechnungen

Regel	Zahlenbeispiel	Algebraisches Beispiel
Punktrechnungen müssen vor Strichrechnungen gelöst werden.	$8 \cdot 4 - 18 \cdot 3$ $= 32 - 54 = -22$	$4a \cdot b - c \cdot 3d$ $= 4ab - 3cd$
	$\frac{16}{4} + \frac{20}{5} - \frac{18}{3}$ $= 4 + 4 - 6 = 2$	$\frac{16a}{4} - \frac{3b}{b} + \frac{6c}{2c}$ $= 4a - 3 + 3 = 4a$
Sind in einer gemischten Punkt- und Strichrechnung auch Klammerausdrücke vorhanden, so werden, wenn möglich, zuerst die Klammern berechnet. Danach wird die Punkt- und dann die Strichrechnung durchgeführt.	$8 \cdot (3 - 2) + 4 \cdot (16 - 5)$ $= 8 \cdot 1 + 4 \cdot 11$ $= 8 + 44 = 52$	$a \cdot (3x - 5x)$ $- b \cdot (12y - 2y)$ $= a \cdot (-2x) - b \cdot 10y$ $= -2ax - 10by$

Potenzen

Zehnerpotenzen

Schreibweise als			Schreibweise als		
ausgeschriebene Zahl	Zehnerpotenz	Vorsatz bei Einheiten	ausgeschriebene Zahl	Zehnerpotenz	Vorsatz bei Einheiten
1 000 000	10^6	Mega (M)	1	10^0	–
100 000	10^5	–	0,1	10^{-1}	deci (d)
10 000	10^4	–	0,01	10^{-2}	centi (c)
1 000	10^3	kilo (k)	0,001	10^{-3}	milli (m)
100	10^2	hekto (h)	0,000 1	10^{-4}	–
10	10^1	deka (da)	0,000 01	10^{-5}	–
1	10^0	–	0,000 001	10^{-6}	mikro (μ)

Grundrechnungsarten

Potenzieren

Regel	Zahlenbeispiel	Algebraische Beispiele	
Potenzen dürfen nur dann addiert oder subtrahiert werden, wenn sie sowohl denselben Exponenten als auch dieselbe Basis haben.	$2 \cdot 5^2 + 4 \cdot 5^2 =$ $= 5^2\,(2 + 4) = 6 \cdot 5^2$ $\frac{2}{3^2} - \frac{1}{3^2} + \frac{1}{3^2} = 3^{-2}$	$a^3 + a^3 = 2a^3$ $\frac{7}{d^n} - \frac{4}{d^n} = \frac{3}{d^n} = 3 \cdot d^{-n}$	$ax^n + bx^n$ $= x^n\,(a + b)$ $\frac{a}{x^n} = ax^{-n}$
Potenzen mit gleicher Basis werden multipliziert, indem man die Exponenten addiert und die Basis beibehält.	$3^2 \cdot 3^3 = 3 \cdot 3 \cdot 3 \cdot 3 \cdot 3$ $= 3^5$ oder: $3^2 \cdot 3^3 = 3^{(2+3)} = 3^5$	$x^4 \cdot x^2 = x \cdot x \cdot x \cdot x \cdot x \cdot x$ $= x^6$ oder $x^4 \cdot x^2 = x^{(4+2)} = x^6$	$x^m \cdot x^n = x^{m+n}$
Potenzen mit gleichen Exponenten werden multipliziert, indem man ihre Basen multipliziert und den Exponenten beibehält.	$4^2 \cdot 6^2 = (4 \cdot 6)^2 = 24^2$ $= 576$	$6\,x^2 \cdot 3\,y^2 = 18\,x^2 \cdot y^2$ $= 18\,(x \cdot y)^2$	$x^n \cdot y^n = (xy)^n$
Potenzen mit gleicher Basis werden dividiert, indem man ihre Exponenten subtrahiert und die Basis beibehält.	$\frac{4^3}{4^2} = \frac{4 \cdot 4 \cdot 4}{4 \cdot 4} = 4$ oder: $4^3 \cdot 4^{-2} = 4^{3-2} = 4^1 = 4$	$\frac{m^3}{m^2} = \frac{m \cdot m \cdot m}{m \cdot m} = m$ oder: $m^3 \cdot m^{-2} = m^{3-2} = m^1 = m$	$\frac{x^m}{x^n} = x^{m-n}$
Potenzen mit gleichem Exponenten werden dividiert, indem man ihre Basen dividiert und den Exponenten beibehält.	$\frac{15^2}{3^2} = \left(\frac{15}{3}\right)^2 = 5^2$ $= 25$	$\frac{a^3}{b^3} = \left(\frac{a}{b}\right)^3$	$\frac{a^n}{b^n} = \left(\frac{a}{b}\right)^n$
Jede Potenz mit dem Exponenten Null hat den Wert 1.	$\frac{10^4}{10^4} = 10^{4-4} = 10^0 = 1$	$(m + n)^0 = 1$	$a^0 = 1$

Wurzelziehen

Regel	Zahlenbeispiel	Algebraische Beispiele	
Wurzeln dürfen nur dann addiert oder subtrahiert werden, wenn sie gleiche Exponenten und Radikanden haben. Man addiert (subtrahiert) die Faktoren und behält die Wurzel bei.	$2\sqrt{6} + 3\sqrt{6}$ $= (2 + 3)\sqrt{6}$ $= 5\sqrt{6}$	$8\sqrt{m} - 3\sqrt{m}$ $= (8 - 3)\sqrt{m}$ $= 5\sqrt{m}$	$a\sqrt{m} + b\sqrt{m}$ $= (a + b)\sqrt{m}$
Ist der Radikand ein Produkt, so kann die Wurzel entweder aus dem Produkt oder aus jedem einzelnen Faktor gezogen werden.	$\sqrt{9 \cdot 16} = \sqrt{144} = 12$ oder $\sqrt{9 \cdot 16} = \sqrt{9} \cdot \sqrt{16}$ $= 3 \cdot 4 = 12$	$\sqrt[3]{a \cdot b} = \sqrt[3]{a} \cdot \sqrt[3]{b}$	$\sqrt[n]{ab} = \sqrt[n]{a} \cdot \sqrt[n]{b}$
Ist der Radikand eine Summe oder eine Differenz, so kann nur aus dem Ergebnis die Wurzel gezogen werden.	$\sqrt{9 + 16} = \sqrt{25} = 5$ $\sqrt{5^2 - 4^2} = \sqrt{25 - 16}$ $= \sqrt{9} = 3$	$\sqrt[3]{a - b} = \sqrt[3]{(a - b)}$	$\sqrt[n]{a - b} = \sqrt[n]{(a - b)}$
Ist der Radikand ein Quotient (Bruch), so kann die Wurzel aus dem Quotienten oder aus Zähler und Nenner getrennt gezogen werden.	$\sqrt{\frac{9}{25}} = \sqrt{0{,}36} = 0{,}6$ oder $\sqrt{\frac{9}{25}} = \frac{\sqrt{9}}{\sqrt{25}} = \frac{3}{5} = 0{,}6$	$\sqrt[4]{\frac{a}{b}} = \frac{\sqrt[4]{a}}{\sqrt[4]{b}}$	$\sqrt[n]{\frac{a}{b}} = \frac{\sqrt[n]{a}}{\sqrt[n]{b}}$

Umrechnung von Einheiten

Länge

1 m = 10 dm = 100 cm = 1000 mm

m ← 1 Stelle → dm ← 1 Stelle → cm ← 1 Stelle → mm

1 m = 10^1 dm = 10^2 cm = 10^3 mm

10 kleine Einheiten geben die nächst größere Einheit. Bei den Längenmaßen ist die Umrechnungszahl 10.

Bei Umrechnung der Längenmaße rückt das Komma von Einheit zu Einheit um *eine* Stelle.

Fläche

1 m^2 = 100 dm^2 = 10000 cm^2 = 1000000 mm^2

m^2 ← 2 Stellen → dm^2 ← 2 Stellen → cm^2 ← 2 Stellen → mm^2

1 m^2 = 10^2 dm^2 = 10^4 cm^2 = 10^6 mm^2

100 kleine Einheiten geben die nächst größere Einheit. Bei den Flächenmaßen ist die Umrechnungszahl 100.

Bei Umrechnung der Flächenmaße rückt das Komma von Einheit zu Einheit um *zwei* Stellen.

Volumen

1 m^3 = 1000 dm^3 = 1000000 cm^3
= 1000000000 mm^3

m^3 ← 3 Stellen → dm^3 ← 3 Stellen → cm^3 ← 3 Stellen → mm^3

1 m^3 = 10^3 dm^3 = 10^6 cm^3 = 10^9 mm^3

1000 kleine Einheiten geben die nächst größere Einheit. Bei den Volumenmaßen ist die Umrechnungszahl 1000.

Bei Umrechnung der Volumenmaße rückt das Komma von Einheit zu Einheit um *drei* Stellen.

Masse

1 t = 1000 kg = 1000000 g = 1000000000 mg

t ← 3 Stellen → kg ← 3 Stellen → g ← 3 Stellen → mg

1 t = 10^3 kg = 10^6 g = 10^9 mg

1000 kleine Einheiten geben die nächst größere Einheit. Bei den Massen ist die Umrechnungszahl 1000.

Bei Umrechnung der Masse rückt das Komma von Einheit zu Einheit um *drei* Stellen.

Hohlmaß

Den Inhalt von Gefäßen misst man in Litern.
1 l = 1 dm^3 1 dl = 0,1 dm^3 1 cl = 0,01 dm^3
1 ml = 0,01 dm^3 = 1 cm^3

Kraft

1 MN = 1000 kN = 1000000 N = 1000000000 mN
1 MN = 10^3 kN = 10^6 N = 10^9 mN

Umrechnung von Zollmaßen

1 Inch = 1 Zoll = 25,4 mm; 1 mm = $\frac{1}{25,4}$ inch

1 foot = 12 inches = 304,8 mm; 1 m = 39,37 inches = 3,28 feet

Vergrößernde Vorsätze

Vorsatz	Bedeutung	Beispiel
da = Deka-	10-fach	1 daN = 10 N
h = Hekto-	100-fach	1 hl = 100 l
k = Kilo-	1000-fach	1 kW = 1000 W
M = Mega-	1000000-fach	1 MN = 1000000 N

Verkleinernde Vorsätze

Vorsatz	Bedeutung	Beispiel
d = Dezi-	10tel	1 dm = 1/10 m
c = Zenti-	100stel	1 cm = 1/100 m
m = Milli-	1000stel	1 mV = 1/1000 V
μ = Mikro-	1000000stel	1 μm = 1/1000000 m = 0,001 mm

Winkelfunktionen

Winkelfunktionen im rechtwinkligen Dreieck

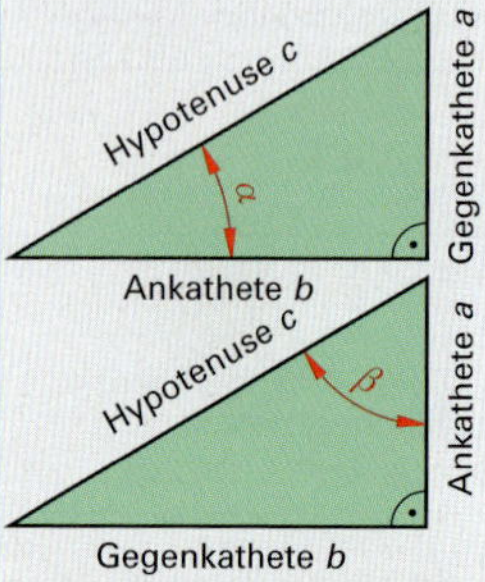

a	Gegenkathete	zu ∢ α
	Ankathete	zu ∢ β
b	Ankathete	zu ∢ α
	Gegenkathete	zu ∢ β
c	Hypotenuse	
⊿	rechter Winkel	

Funktionswerte aus Tabellen

für ∢ α	für ∢ β
$\sin\alpha = \frac{a}{c}$	$\sin\beta = \frac{b}{c}$
$\cos\alpha = \frac{b}{c}$	$\cos\beta = \frac{a}{c}$
$\tan\alpha = \frac{a}{b}$	$\tan\beta = \frac{b}{a}$
$\cot\alpha = \frac{b}{a}$	$\cot\beta = \frac{a}{b}$

Funktionswerte für ausgewählte Winkel

	0°	30°	45°	60°	90°	180°	270°	360°
sin	0	$\frac{1}{2} = 0{,}5000$	$\frac{1}{2}\cdot\sqrt{2} = 0{,}7071$	$\frac{1}{2}\cdot\sqrt{3} = 0{,}8660$	1	0	– 1	0
cos	1	$\frac{1}{2}\cdot\sqrt{3} = 0{,}8660$	$\frac{1}{2}\cdot\sqrt{2} = 0{,}7071$	$\frac{1}{2} = 0{,}5000$	0	– 1	0	1
tan	0	$\frac{1}{3}\cdot\sqrt{3} = 0{,}5774$	1	$\sqrt{3} = 1{,}7321$	∞	0	∞	0
cot	∞	$\sqrt{3} = 1{,}7321$	1	$\frac{1}{3}\cdot\sqrt{3} = 0{,}5771$	0	∞	0	∞

Winkelfunktionen im schiefwinkligen Dreieck

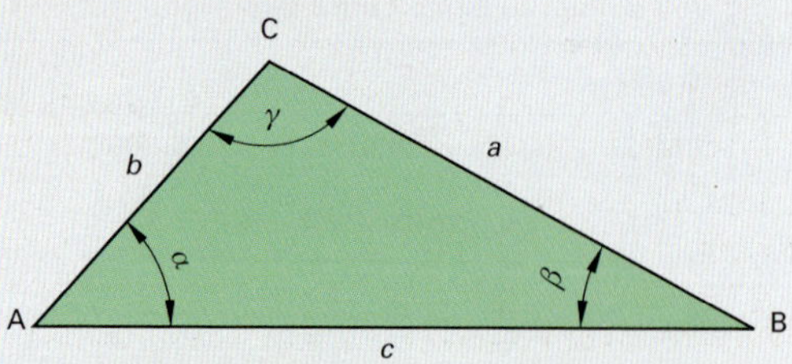

Sinussatz

$$a : b : c = \sin\alpha : \sin\beta : \sin\gamma$$

$$\frac{a}{\sin\alpha} = \frac{b}{\sin\beta} = \frac{c}{\sin\gamma}$$

Cosinussatz

$$a^2 = b^2 + c^2 - 2\cdot b\cdot c\cdot\cos\alpha$$

$$b^2 = a^2 + c^2 - 2\cdot a\cdot c\cdot\cos\beta$$

$$c^2 = a^2 + b^2 - 2\cdot a\cdot b\cdot\cos\gamma$$

Anwendung von Sinus- und Cosinussatz

Seitenberechnung	Winkelberechnung		Flächenberechnung
$a = \frac{b\cdot\sin\alpha}{\sin\beta} = \frac{c\cdot\sin\alpha}{\sin\gamma}$	$\sin\alpha = \frac{a\cdot\sin\beta}{b} = \frac{a\cdot\sin\gamma}{c}$	$\cos\alpha = \frac{b^2+c^2-a^2}{2\cdot b\cdot c}$	$A = \frac{a\cdot b\cdot\sin\gamma}{2}$
$b = \frac{a\cdot\sin\beta}{\sin\alpha} = \frac{c\cdot\sin\beta}{\sin\gamma}$	$\sin\beta = \frac{b\cdot\sin\alpha}{a} = \frac{b\cdot\sin\gamma}{c}$	$\cos\beta = \frac{a^2+c^2-b^2}{2\cdot a\cdot c}$	$A = \frac{b\cdot c\cdot\sin\alpha}{2}$
$c = \frac{a\cdot\sin\gamma}{\sin\alpha} = \frac{b\cdot\sin\gamma}{\sin\beta}$	$\sin\gamma = \frac{c\cdot\sin\alpha}{a} = \frac{c\cdot\sin\beta}{b}$	$\cos\gamma = \frac{a^2+b^2-c^2}{2\cdot a\cdot b}$	$A = \frac{a\cdot c\cdot\sin\beta}{2}$

Winkel, Strahlensatz, Mischungs-, Prozent-, Zinsrechnung

Winkelarten

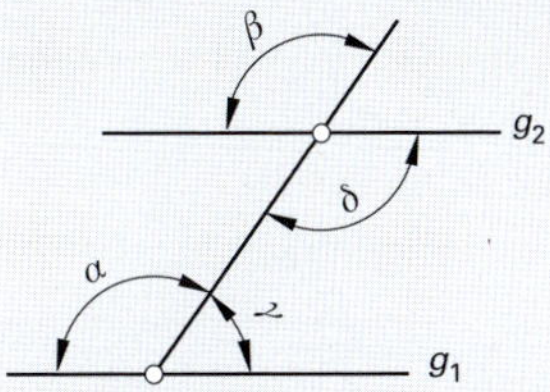

Werden zwei Parellelen durch eine Gerade geschnitten, so bestehen für die dabei gebildeten Winkel geometrische Zusammenhänge.

Stufenwinkel sind gleich groß.	$\alpha = \beta$
Scheitelwinkel sind gleich groß.	$\beta = \delta$
Wechselwinkel sind gleich groß.	$\alpha = \delta$
Nebenwinkel ergänzen sich zu 180°.	$\alpha + \gamma = 180°$

Winkelsumme im Dreieck

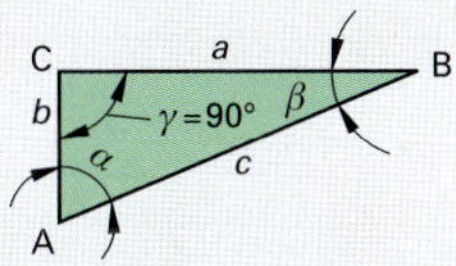

In jedem Dreieck ist die Summe der Innenwinkel gleich 180°.

$$\alpha + \beta + \gamma = 180°$$

Im rechtwinkligen Dreieck ist $\gamma = 90°$, die Winkel α und β ergänzen sich zu 90°.

$$\alpha + \beta = 90°$$

Strahlensatz

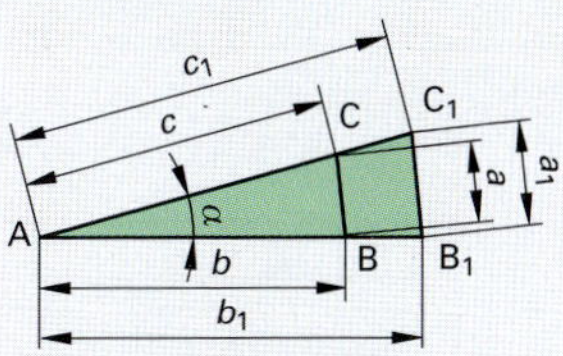

Werden zwei von einem Punkt ausgehende Strahlen von zwei Parallelen geschnitten, bilden die Abschnitte der Parallelen und die zugehörigen Strahlenabschnitte gleiche Verhältnisse.

$$\frac{a}{a_1} = \frac{b}{b_1} = \frac{c}{c_1}$$

$$\frac{a}{b} = \frac{a_1}{b_1} \qquad \frac{b}{c} = \frac{b_1}{c_1}$$

Mischungsrechnung

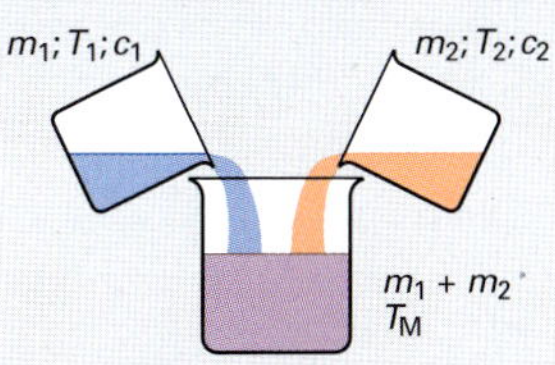

m_1, m_2	Teilmassen
T_1, T_2	Temperaturen der Teilmassen in K
c_1, c_2	spez. Wärmekapazitäten der Teilmassen
T_M	Temperatur der Mischung

$$T_M = \frac{c_1 \cdot m_1 \cdot T_1 + c_2 \cdot m_2 \cdot T_2}{c_1 \cdot m_1 + c_2 \cdot m_2}$$

Prozentrechnung

P_s	Prozentsatz
G_w	Grundwert
P_w	Prozentwert

$$P_w = \frac{G_w \cdot P_s}{100\,\%}$$

Zinsrechnung

z	Zinswert
p	Zinssatz pro Jahr
k	Kapital
t	Zeit in Jahren

$$z = \frac{k \cdot p \cdot t}{100\,\%}$$

1 Zinsjahr (1 *a*) ≙ 360 Tage (*d*)
≙ 12 Monate
1 Zinsmonat ≙ 30 Tage

Längen

Teilung von Längen

Randabstand = Teilung

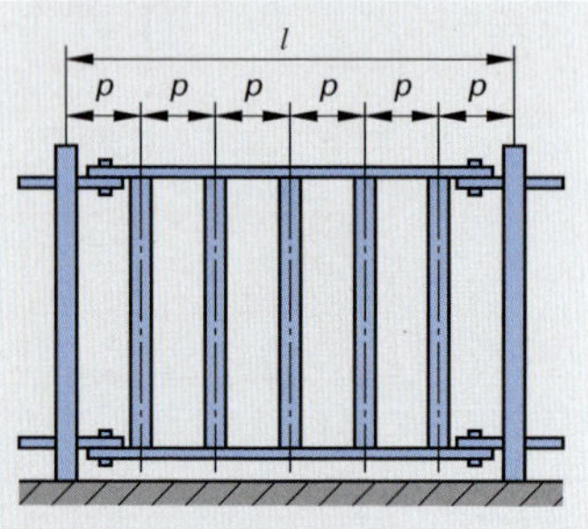

l	Teilungslänge
p	Teilung
n	Anzahl der Bohrungen, Sägeschnitte, …

$$p = \frac{l}{n+1}$$

Randabstand + Teilung

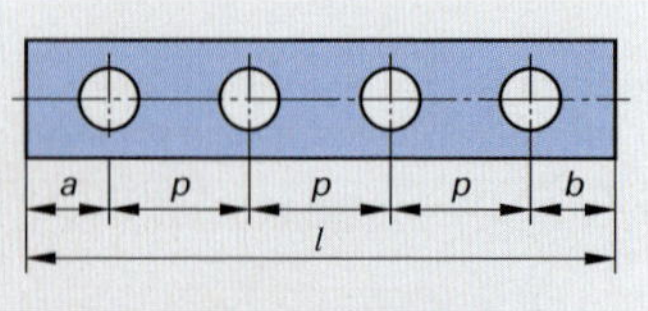

l	Gesamtlänge
p	Teilung
a, b	Randabstand
n	Anzahl der Bohrungen, Sägeschnitte, …

$$p = \frac{l-(a+b)}{n-1}$$

Trennen von Teilstücken

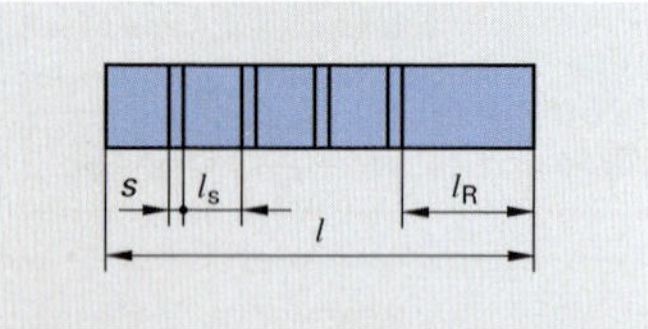

l	Gesamtlänge, Stablänge
l_s	Teillänge beim Trennen
l_R	Restlänge
s	Sägeschnittbreite
n	Anzahl der Teilelemente, z. B. Sägeschnitte, Stäbe, Bohrungen

$$n = \frac{l}{l_s + s}$$

$$l_R = l - (l_s + s) \cdot n$$

Kreisumfänge und Kreisteilungen

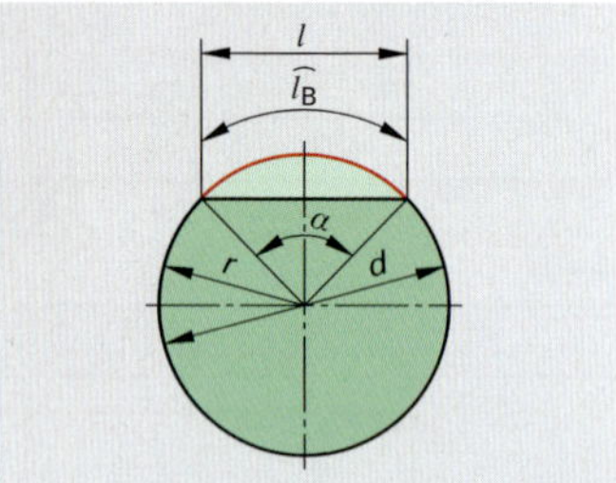

d	Durchmesser
U	Kreisumfang
r	Radius
α	Zentriwinkel
l	Sehnenlänge
$\widehat{l}_B$	Kreisbogenlänge
p	Teilung
n	Anzahl der Teilelemente, z. B. Sägeschnitte, Stäbe, …

$$U = \pi \cdot d$$

$$p = \frac{U}{n} = \frac{\pi \cdot d}{n}$$

$$\widehat{l}_B = \frac{\pi \cdot d \cdot \alpha}{360°}$$

$$l = 2 \cdot r \cdot \sin \frac{\alpha}{2}$$

Gestreckte und zusammengesetzte Längen

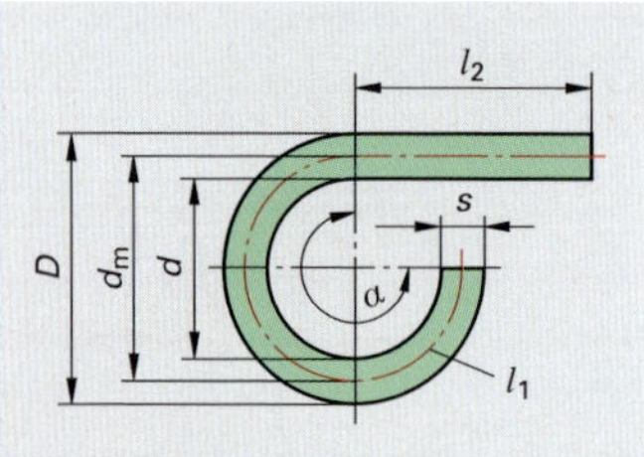

D	Außendurchmesser
d	Innendurchmesser
d_m	mittlerer Durchmesser
l	gestreckte Länge
l_1, l_2	Teillängen
L	zusammengesetzte Länge
α	Biegewinkel
s	Dicke

$$l = \frac{\pi \cdot d_m \cdot \alpha}{360°}$$

$$d_m = \frac{D+d}{2}$$

$$d_m = d + s$$

$$d_m = D - s$$

$$L = l_1 + l_2 + l_3 + \ldots$$

Berechnungen am rechtwinkligen Dreieck

Lehrsatz des Pythagoras

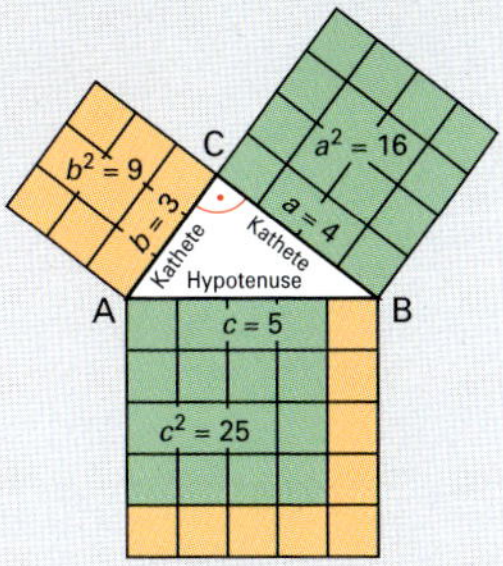

Im **rechtwinkligen Dreieck** ist das Hypotenusenquadrat flächengleich der Summe der beiden Kathetenquadrate.

a Kathete
b Kathete
c Hypotenuse
⊿ rechter Winkel

Im rechtwinkligen Dreieck gilt:

$$a = \sqrt{c^2 - b^2}$$
$$b = \sqrt{c^2 - a^2}$$
$$c = \sqrt{a^2 + b^2}$$

$$c^2 = a^2 + b^2$$

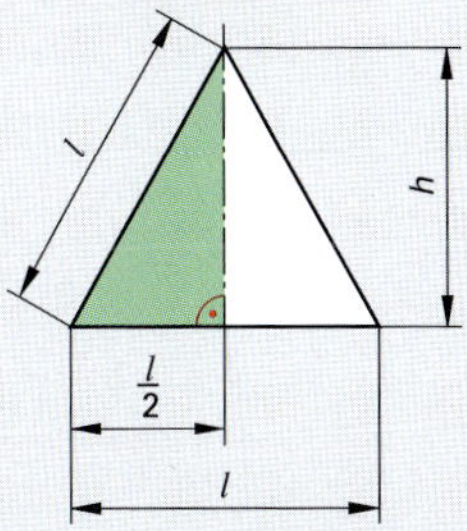

Im **gleichseitigen Dreieck** ergibt sich für die Höhe nach dem Lehrsatz des Pythagoras:

h Höhe
A Fläche
l Seitenlänge

$$h = \frac{1}{2} \cdot \sqrt{3} \cdot l$$

$$A = \frac{1}{4} \cdot \sqrt{3} \cdot l^2$$

Lehrsatz des Euklid (Kathetensatz)

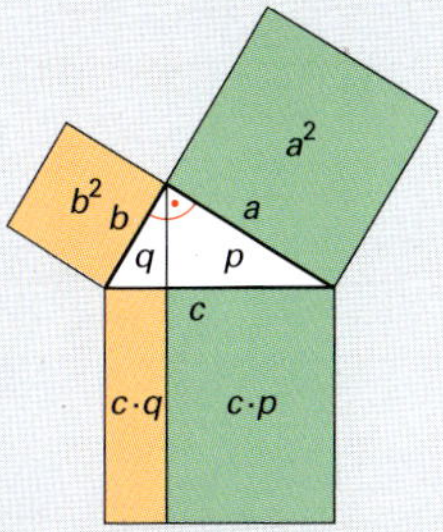

Das Quadrat über einer Kathete ist flächengleich einem Rechteck aus der Hypotenuse und dem anliegenden Hypotenusenabschnitt.

a, b Kathete
p, q Hypotenusenabschnitt
c Hypotenuse

$$a^2 = c \cdot p$$

$$b^2 = c \cdot q$$

Höhensatz

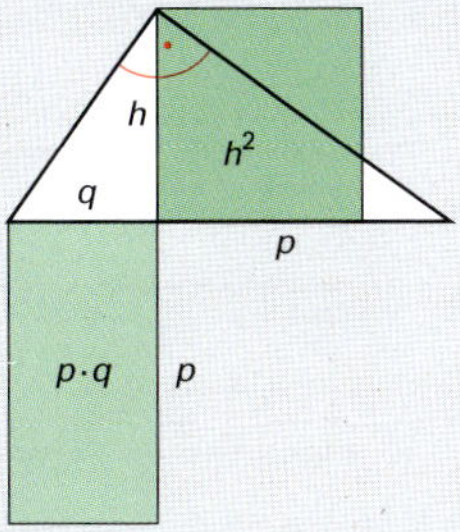

Das Quadrat über der Höhe *h* ist flächengleich dem Rechteck aus den Hypotenusenabschnitten *p* und *q*.

p, q Hypotenusenabschnitt
h Höhe

$$h^2 = p \cdot q$$

Flächen

Quadrat

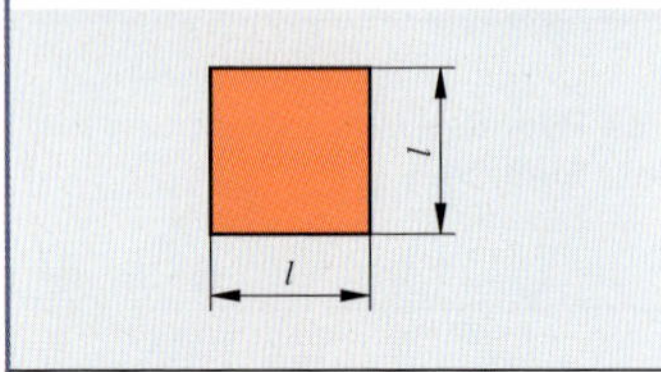

A Fläche
l Seitenlänge
e Eckmaß

$$A = l^2$$

$$e = l \cdot \sqrt{2}$$

Rechteck

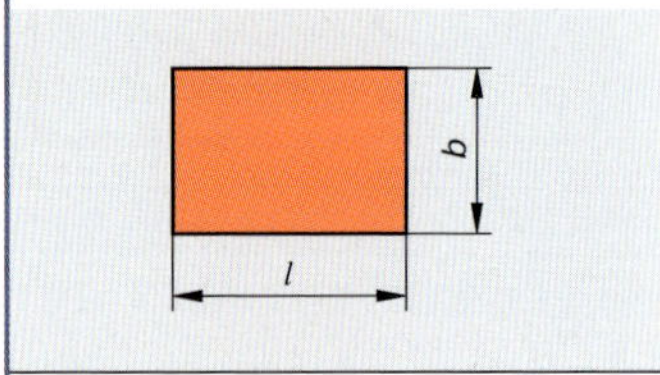

A Fläche
l Länge
b Breite

$$A = l \cdot b$$

Raute (Rhombus)

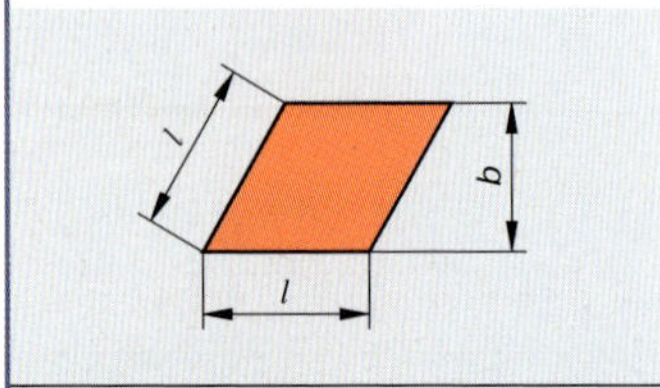

A Fläche
l Seitenlänge
b Breite

$$A = l \cdot b$$

Parallelogramm

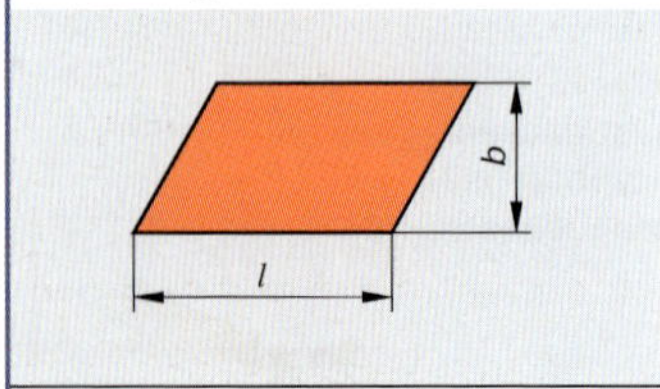

A Fläche
l Länge
b Breite

$$A = l \cdot b$$

Dreieck

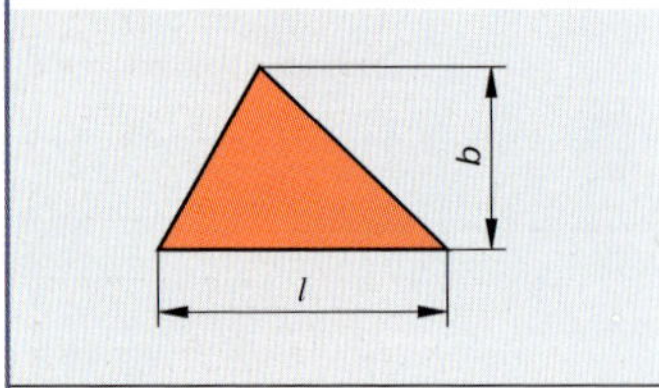

A Fläche
l Seitenlänge
b Breite

$$A = \frac{l \cdot b}{2}$$

Trapez

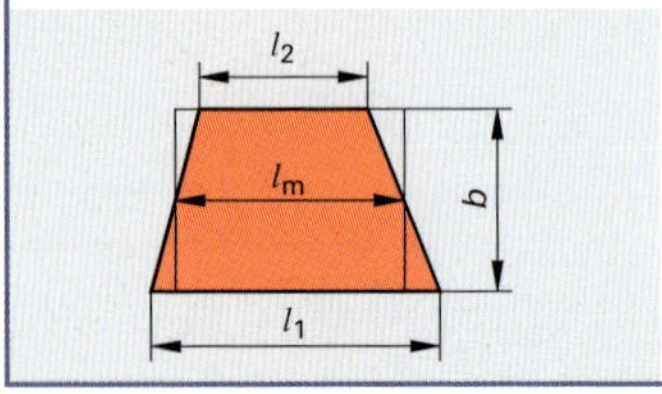

A Fläche
l_1 große Länge
l_2 kleine Länge
l_m mittlere Länge
b Breite

$$A = \frac{l_1 + l_2}{2} \cdot b$$

$$A = l_m \cdot b$$

$$l_m = \frac{l_1 + l_2}{2}$$

Flächen

Unregelmäßiges Vieleck

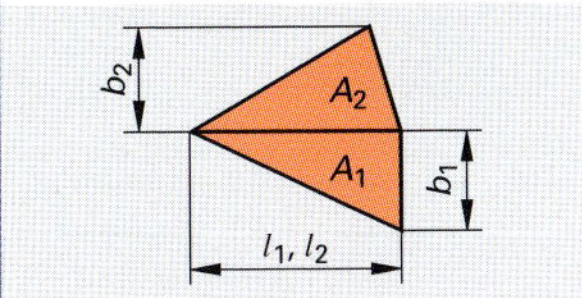

A Gesamtfläche
A_1, A_2 Teilflächen
l_1, l_2 Längen
b_1, b_2 Breiten

$$A = A_1 + A_2 + \ldots$$

Regelmäßiges Vieleck

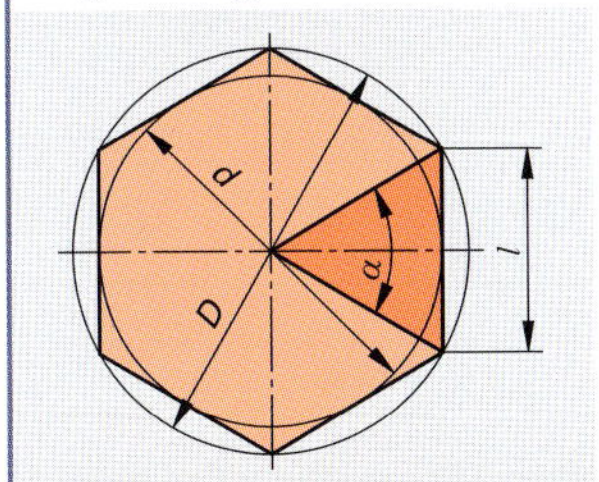

A Fläche
l Seitenlänge
D Umkreisdurchmesser
d Inkreisdurchmesser
n Eckenzahl
α Mittelpunktswinkel

Im regelmäßigen Sechseck ist:
$A \approx 0{,}649 \cdot D^2 \approx 0{,}866 \cdot d^2$; $D \approx 1{,}155 \cdot d$

$$A = \frac{n \cdot l \cdot d}{4}$$

$$l = D \cdot \sin\left(\frac{180^\circ}{n}\right)$$

$$d = \sqrt{D^2 - l^2}$$

Berechnung regelmäßiger Vielecke mithilfe der Tabelle

Ecken-zahl	Fläche $A \approx$			Umkreisdurch-messer $D \approx$		Inkreisdurch-messer $d \approx$		Seitenlänge $l \approx$	
n	D^2 mal	d^2 mal	l^2 mal	l mal	d mal	l mal	D mal	D mal	d mal
3	0,325	1,299	0,433	1,154	2,000	0,578	0,500	0,867	1,732
4	0,500	1,000	1,000	1,414	1,414	1,000	0,707	0,707	1,000
5	0,595	0,908	1,721	1,702	1,236	1,376	0,809	0,588	0,727
6	0,649	0,866	2,598	2,000	1,155	1,732	0,866	0,500	0,577
8	0,707	0,829	4,828	2,614	1,082	2,414	0,924	0,383	0,414
10	0,735	0,812	7,694	3,236	1,052	3,078	0,951	0,309	0,325
12	0,750	0,804	11,196	3,864	1,035	3,732	0,966	0,259	0,268

Kreis

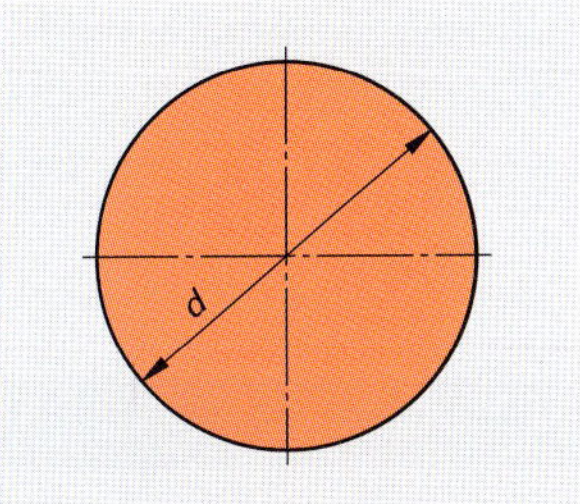

A Kreis
d Durchmesser
U Umfang

$$A = \frac{\pi \cdot d^2}{4}$$

$$A \approx 0{,}785 \cdot d^2$$

$$U = \pi \cdot d$$

$$d = \sqrt{\frac{4 \cdot A}{\pi}}$$

Kreisring

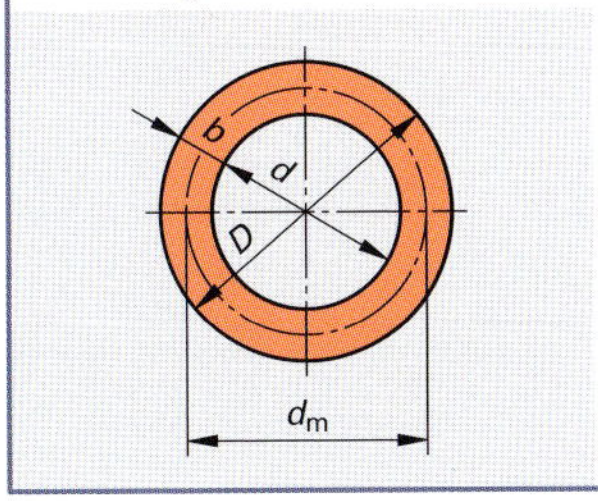

A Fläche
D Außendurchmesser
d Innendurchmesser
d_m mittlerer Durchmesser
b Breite

$$A = \frac{\pi \cdot D^2}{4} - \frac{\pi \cdot d^2}{4}$$

$$A = \frac{\pi}{4} \cdot (D^2 - d^2)$$

$$A = \pi \cdot d_m \cdot b$$

$$d_m \frac{D + d}{2} \qquad b = \frac{D - d}{2}$$

Flächen

Kreisausschnitt

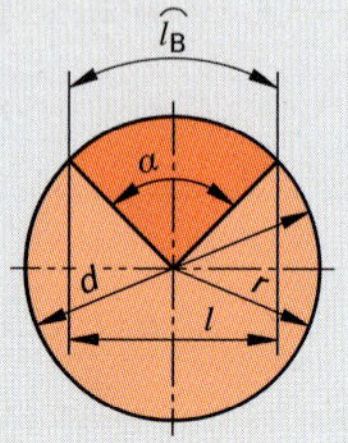

A	Fläche
d	Durchmesser
r	Radius
l	Sehnenlänge
$\widehat{l}_B$	Bogenlänge
α	Mittelpunktswinkel

$$A = \frac{\widehat{l}_B \cdot r}{2}$$

$$A = \frac{\pi \cdot d^2}{4} \cdot \frac{\alpha}{360°}$$

$$l = 2 \cdot r \cdot \sin\frac{\alpha}{2}$$

$$\widehat{l}_B = \frac{\pi \cdot r \cdot \alpha}{180°}$$

Kreisabschnitt

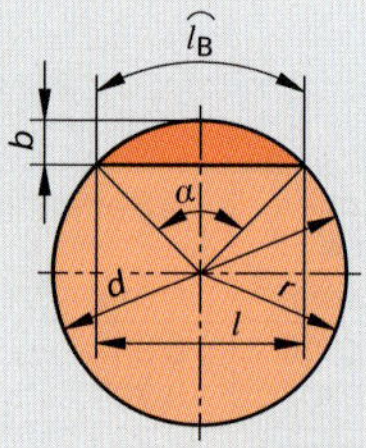

A	Fläche
d	Durchmesser
r	Radius
l	Sehnenlänge
$\widehat{l}_B$	Bogenlänge
b	Breite
α	Mittelpunktswinkel

$$A = \frac{\widehat{l}_B \cdot r \cdot - l \cdot (r - b)}{2}$$

$$A = \frac{\pi \cdot d^2}{4} \cdot \frac{\alpha}{360°} - \frac{l \cdot (r - b)}{2}$$

$$b = r \cdot \left(1 - \cos\frac{\alpha}{2}\right)$$

Ellipse

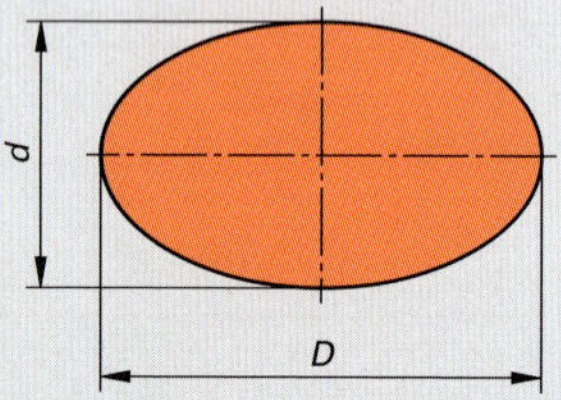

A	Fläche
D	großer Durchmesser
d	kleiner Durchmesser
U	Umfang

$$A = \frac{\pi \cdot D \cdot d}{4}$$

Die angegebene Formel gilt auch für Oval und Korbbogen.

$$U \approx \frac{\pi}{2}(D + d)$$

Verschnitt

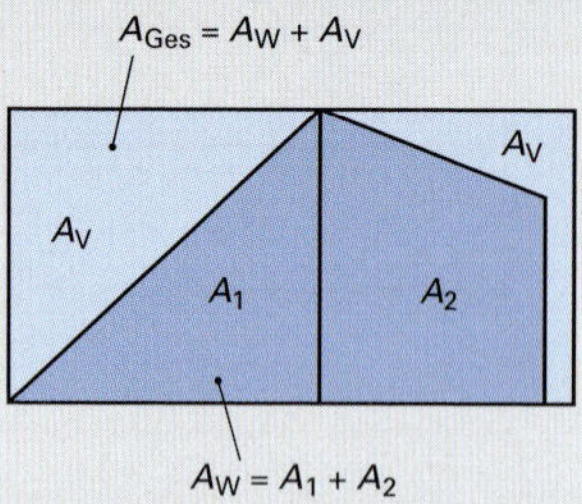

A_{Ges}	Fläche des Rohteils, Ausgangsfläche
A_W	Fläche des Werkstückes, Abwicklungsfläche
A_V	Fläche des Verschnitts, Verschnitt

$$A_V = A_{Ges} - A_W$$

$$A_V = \frac{A_{Ges} - A_W}{A_{Ges}} \cdot 100\,\%$$

Körper, Volumen und Oberfläche

Würfel

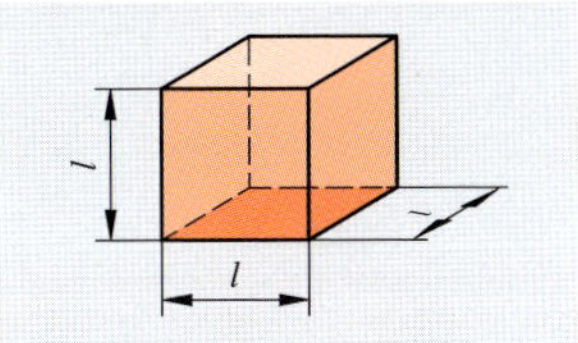

- V Volumen
- l Seitenlänge
- A_O Oberfläche

$$V = l^3$$

$$A_O = 6 \cdot l^2$$

Vierkantprisma

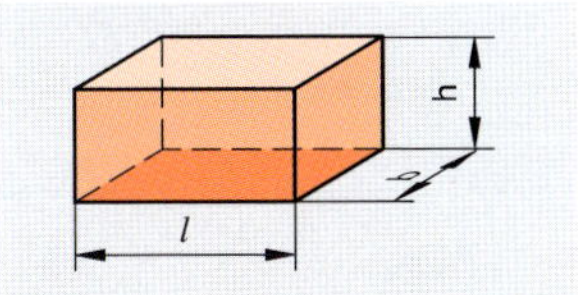

- V Volumen
- l Seitenlänge
- h Höhe
- b Breite
- A_O Oberfläche

$$V = l \cdot b \cdot h$$

$$A_O = 2 \cdot (l \cdot b + l \cdot h + b \cdot h)$$

Zylinder

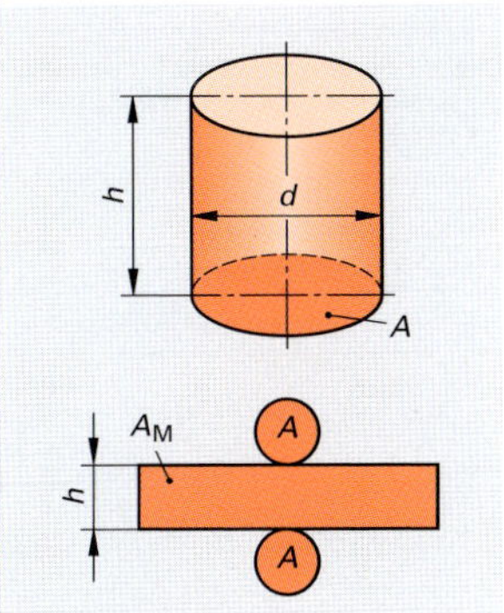

- V Volumen
- d Durchmesser
- h Höhe
- A Grundfläche
- A_O Oberfläche
- A_M Mantelfläche

$$V = \frac{\pi \cdot d^2}{4} \cdot h$$

$$A_O = 2 \cdot A + A_M$$
$$A_O = 2 \cdot \frac{\pi \cdot d^2}{4} + \pi \cdot d \cdot h$$

$$A_M = \pi \cdot d \cdot h$$

Hohlzylinder

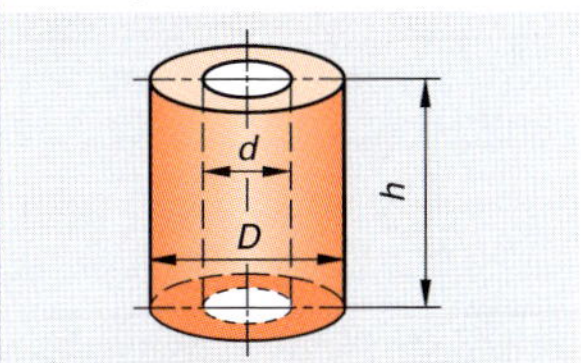

- V Volumen
- D Außendurchmesser
- d Innendurchmesser
- h Höhe
- A_O Oberfläche

$$V = \frac{\pi \cdot h}{4} \cdot (D^2 - d^2)$$

$$A_O = \pi \cdot (D + d) \cdot \left[\frac{1}{2} \cdot (D - d) + h\right]$$

Pyramide

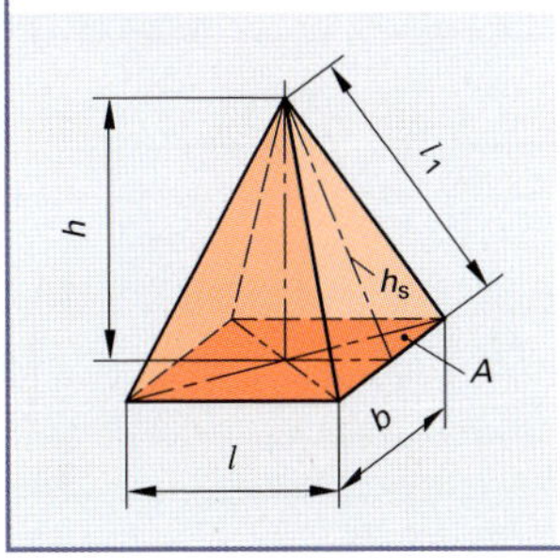

- V Volumen
- l Seitenlänge
- l_1 Kantenlänge
- h Höhe
- h_s Mantelhöhe
- b Breite
- A Grundfläche
- A_O Oberfläche
- A_M Am Mantelfläche

$$V = \frac{l \cdot b \cdot h}{3}$$

$$h_s = \sqrt{h^2 + \frac{l^2}{4}}$$

$$l_1 = \sqrt{h_s^2 + \frac{b^2}{4}}$$

$$A_O = A + A_M$$

Körper, Volumen und Oberfläche

Kegel

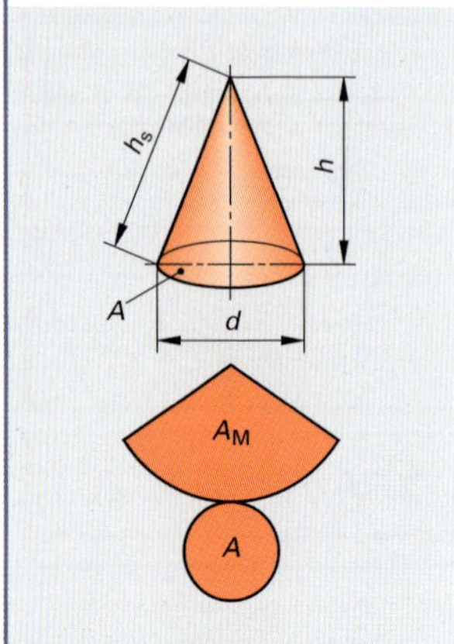

V	Volumen
d	Durchmesser
h	Höhe
h_s	Mantelhöhe
A	Grundfläche
A_M	Mantelfläche
A_O	Oberfläche

$$V = \frac{A \cdot h}{3}$$

$$V = \frac{\pi \cdot d^2}{4} \cdot \frac{h}{3}$$

$$h_s = \sqrt{\frac{d^2}{4} + h^2}$$

$$A_O = A + A_M$$

$$A_M = \frac{\pi \cdot d \cdot h_s}{2}$$

Pyramidenstumpf

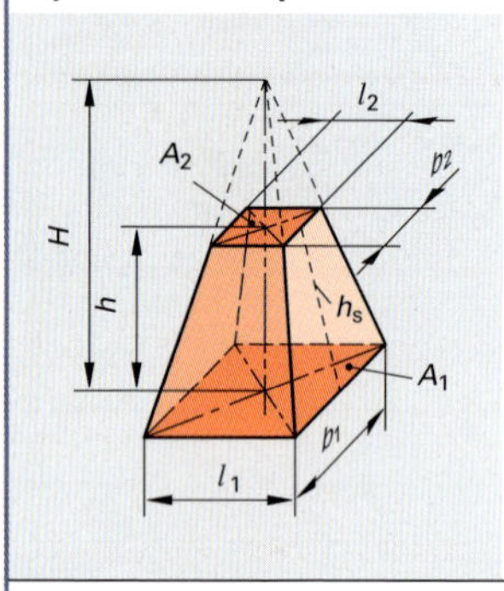

V	Volumen
l_1, l_2	Seitenlänge
b_1, b_2	Breiten
h, H	Höhen
h_s	Mantelhöhe
A_O	Oberfläche
A_1	Grundfläche
A_2	Deckfläche

$$V = \frac{A_1 \cdot H}{3} - \frac{A_2\,(H - h)}{3}$$

$$V = \frac{h}{3} \cdot \left(A_1 + A_2 + \sqrt{A_1 \cdot A_2}\right)$$

$$A_O = A_M + A_1 + A_2$$

$$h_s = \sqrt{h^2 + \left(\frac{l_1 - l_2}{2}\right)^2}$$

$$A_1 = l_1 \cdot b_1;\ A_2 = l_2 \cdot b_2$$

Kegelstrumpf

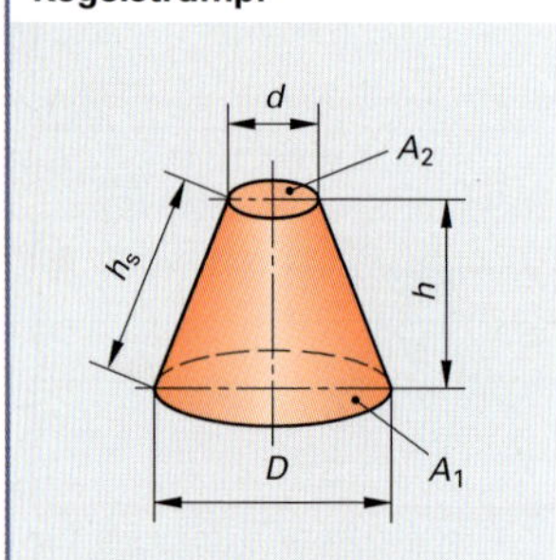

V	Volumen
D	großer Durchmesser
d	kleiner Durchmesser
h	Höhe
h_s	Mantelhöhe
A_O	Oberfläche
A_M	Mantelfläche
A_1	Grundfläche
A_2	Deckfläche

$$V = \frac{\pi \cdot h}{12} \cdot (D^2 + d^2 + D \cdot d)$$

$$A_O = A_1 + A_M + A_2$$

$$A_M = \frac{\pi \cdot h_s}{2} \cdot (D + d)$$

$$h_s = \sqrt{h^2 + \left(\frac{D - d}{2}\right)^2}$$

Ringförmiger Körper

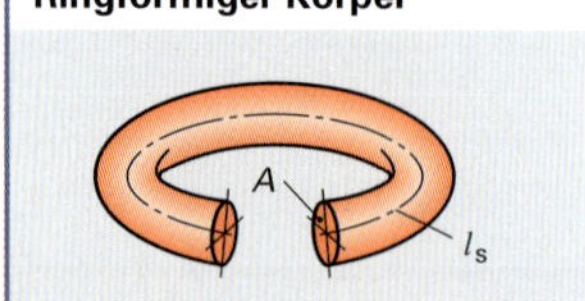

V	Volumen
A	Grundfläche
l_s	Schwerpunktlinie

$$V = A \cdot l_s$$

Körper, Volumen und Oberfläche

Kugel

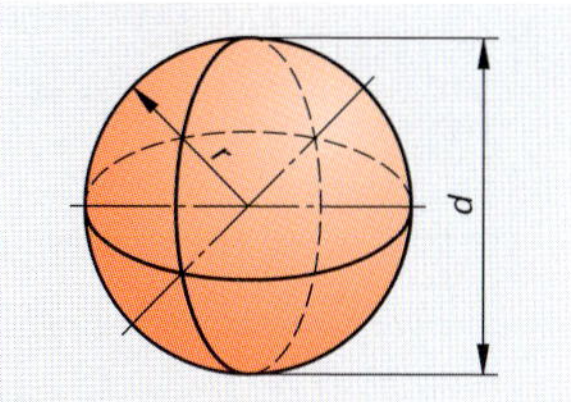

V	Volumen
d	Kugeldurchmesser
A_O	Oberfläche

$$V = \frac{\pi \cdot d^3}{6}$$

$$A_O = \pi \cdot d^2$$

Kugelabschnitt

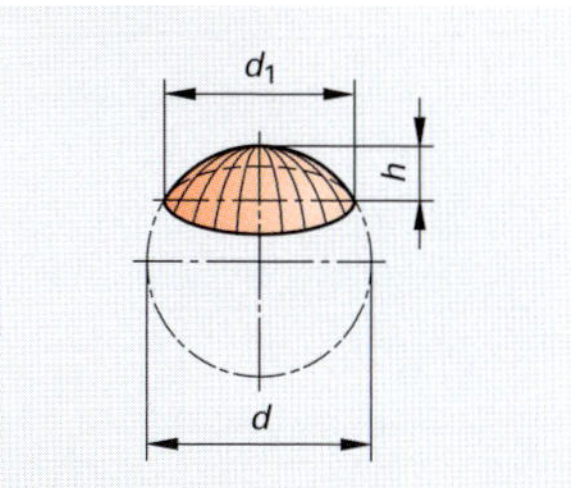

V	Volumen
d	Kugeldurchmesser
d_1	kleiner Durchmesser
h	Höhe
A_O	Oberfläche
A_M	Mantelfläche

$$V = \pi \cdot h^2 \cdot \left(\frac{d}{2} - \frac{h}{3}\right)$$

$$A_O = \pi \cdot h \cdot (2 \cdot d - h)$$

$$A_M = \pi \cdot d \cdot h$$

Kugelschicht

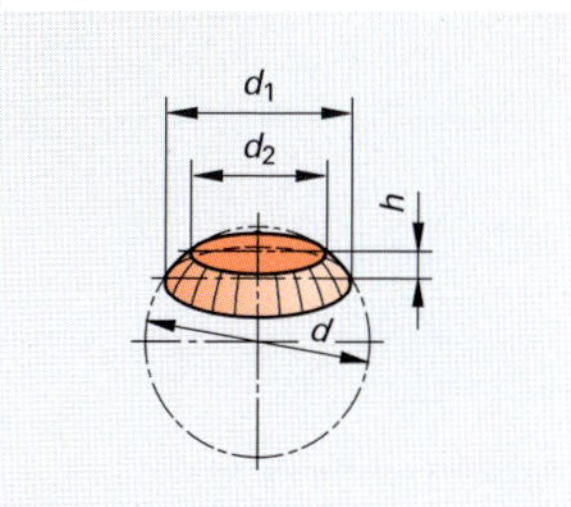

V	Volumen
d	Kugeldurchmesser
d_1	großer Durchmesser
d_2	kleiner Durchmesser
h	Höhe
A_O	Oberfläche
A_M	Mantelfläche

$$V = \frac{\pi \cdot h}{6} \cdot \left(\frac{3 \cdot d_1^2}{4} + \frac{3 \cdot d_2^2}{4} + h^2\right)$$

$$A_O = \pi \cdot \left(d \cdot h + \frac{d_1^2}{4} + \frac{d_2^2}{4}\right)$$

$$A_M = \pi \cdot d \cdot h$$

Kugelausschnitt

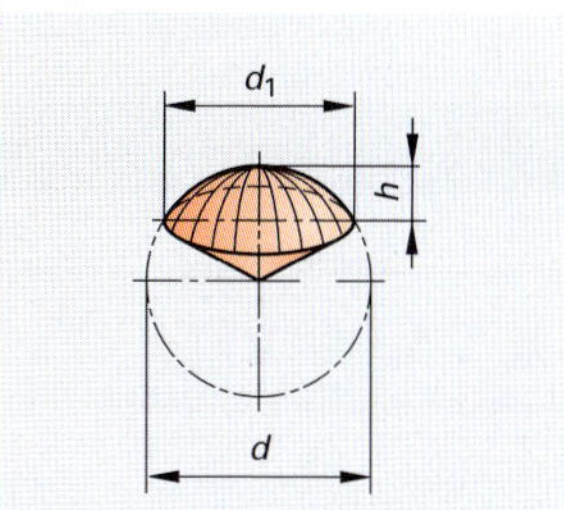

V	Volumen
d	Kugeldurchmesser
d_1	kleiner Durchmesser
h	Höhe
A_O	Oberfläche

$$V = \frac{\pi \cdot d^2 \cdot h}{6}$$

$$A_O = \frac{\pi \cdot d}{4} \cdot (4 \cdot h + d_1)$$

Zusammengesetzter Körper

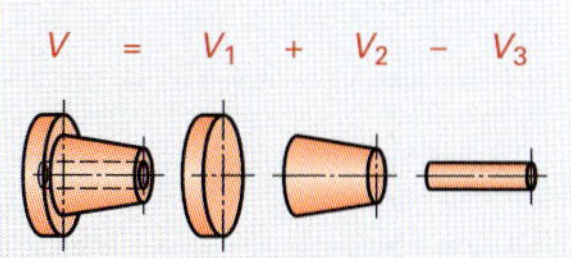

V	Gesamtvolumen
V_1, V_2, V_3	Teilvolumina

$$V = V_1 + V_2 - V_3$$

Masse

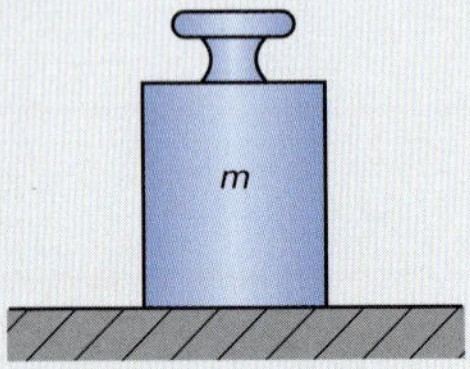

m Masse
V Volurnen
ϱ Dichte

$$m = V \cdot \varrho$$

$$\varrho = \frac{m}{V}$$

$$1\,\frac{\mathrm{g}}{\mathrm{cm}^3} = 1\,\frac{\mathrm{kg}}{\mathrm{dm}^3} = 1\,\frac{\mathrm{t}}{\mathrm{m}^3}$$

Längenbezogene Masse

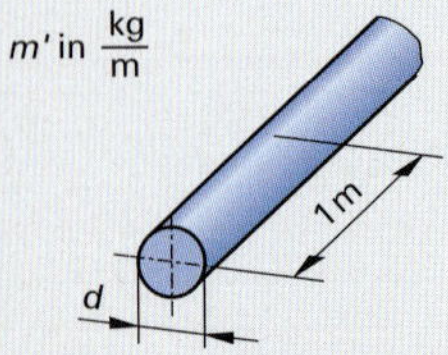

m Masse
m' längenbezogene Masse
l Länge

$$m = m' \cdot l$$

Flächenbezogene Masse

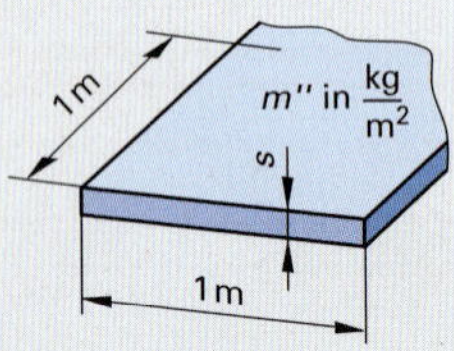

m Masse
m'' flächenbezogene Masse
A Fläche

$$m = m'' \cdot A$$

Gewichtskraft

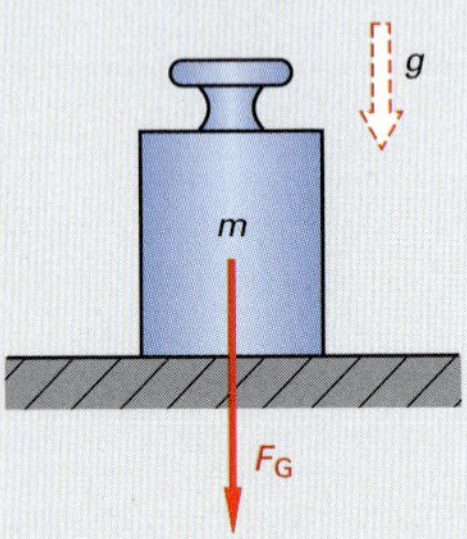

F_G Gewichtskraft
m Masse
g Fallbeschleunigung

$$F_G = m \cdot g$$

$$m = \frac{F_G}{g}$$

$$g = 9{,}81\,\frac{\mathrm{m}}{\mathrm{s}^2} \approx 10\,\frac{\mathrm{m}}{\mathrm{s}^2}$$

$$1\,\mathrm{N} = 1\,\mathrm{kg} \cdot 1\,\frac{\mathrm{m}}{\mathrm{s}} \cdot \frac{1}{\mathrm{s}} = 1\,\frac{\mathrm{kg} \cdot \mathrm{m}}{\mathrm{s}^2}$$

Bewegungslehre

Geradlinige Bewegung

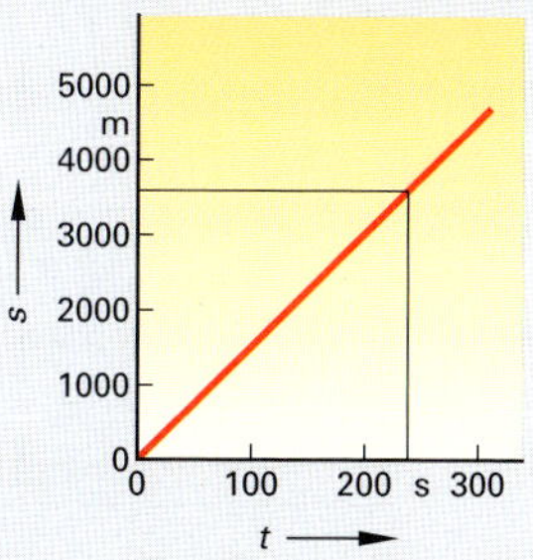

v Geschwindigkeit
s Weg
t Zeit

$$v = \frac{s}{t}$$

$$1\,\frac{\text{m}}{\text{s}} = 60\,\frac{\text{m}}{\text{min}} = 3{,}6\,\frac{\text{km}}{\text{h}}$$

$$1\,\frac{\text{km}}{\text{h}} = 16{,}67\,\frac{\text{m}}{\text{min}} = 0{,}278\,\frac{\text{m}}{\text{s}}$$

Gleichförmig beschleunigte Bewegung

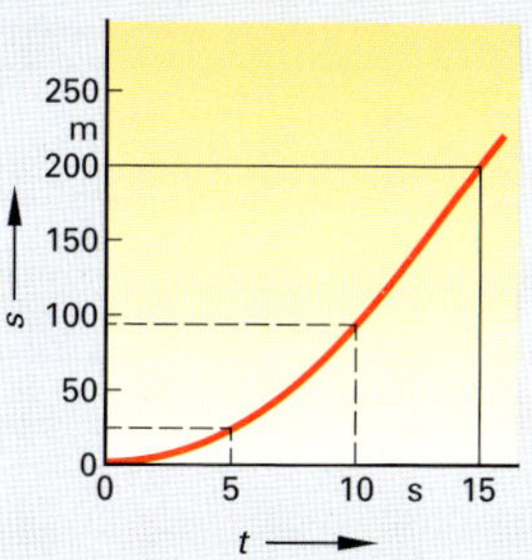

a Beschleunigung
v_e Endgeschwindigkeit
v_o Anfangsgeschwindigkeit
t Zeit
s Weg

$$a = \frac{v_e - v_o}{t}$$

$$v_e = v_o + a \cdot t$$

$$v_e = \sqrt{v_o^2 + 2 \cdot a \cdot s}$$

$$s = \frac{v_o + v_e}{2} \cdot t$$

$$s = v_o \cdot t + \frac{a \cdot t^2}{2}$$

Gleichförmige Kreis- oder Drehbewegung

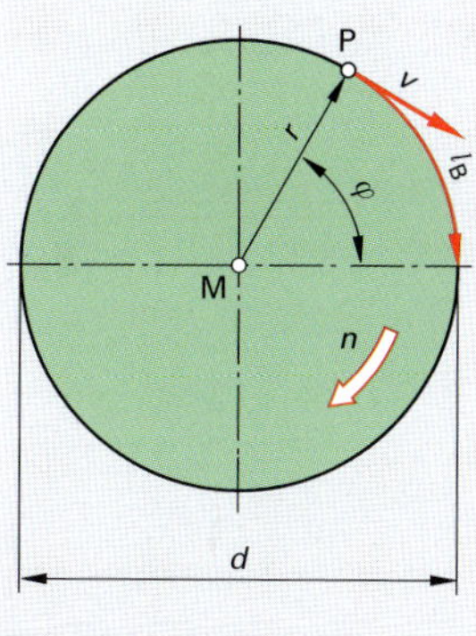

n Drehzahl
t Zeit
v Umfangsgeschwindigkeit
ω Winkelgeschwindigkeit
φ Drehwinkel im Bogenmaß
$\widehat{l}_B$ Bogenlänge
d Durchmesser
r Abstand

$$d = 2 \cdot r$$

$$v = \pi \cdot d \cdot n$$

$$\omega = 2 \cdot \pi \cdot n$$

$$v = \frac{d}{2} \cdot \omega$$

$$\varphi = \omega \cdot t$$

$$\widehat{l}_B = \varphi \cdot r$$

$\frac{1}{\text{min}} = \text{min}^{-1}$	$\frac{1}{\text{s}}\ \text{s}^{-1}$

Geschwindigkeiten

Vorschubgeschwindigkeit

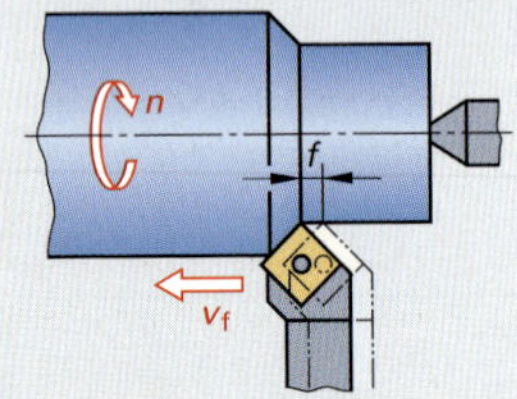

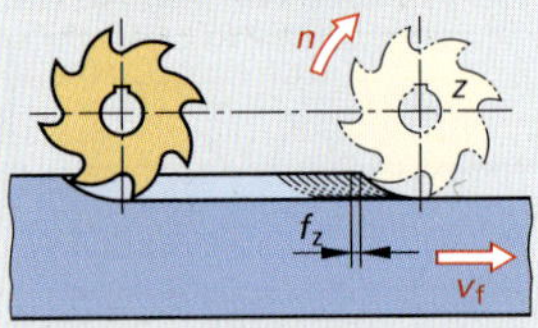

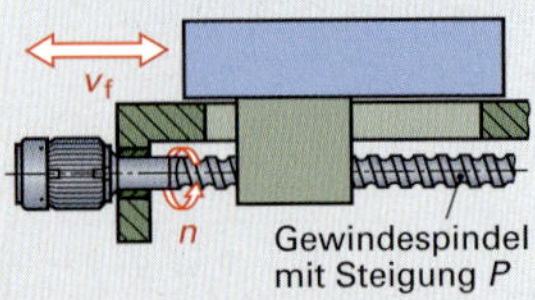

v_f Vorschubgeschwindigkeit
f_z Vorschub je Schneide
z Anzahl der Schneiden, Zähnezahl des Ritzels
f Vorschub
n Drehzahl
P, p Steigung

Vorschubgeschwindigkeit
(Bohren, Drehen)

$$v_f = n \cdot f$$

Vorschubgeschwindigkeit
(Fräsen)

$$v_f = n \cdot f_z \cdot z$$

Vorschubgeschwindigkeit
(Gewindebetrieb)

$$v_f = n \cdot P$$

Vorschubgeschwindigkeit
(Zahnstangentrieb)

$$v_f = p \cdot z \cdot n$$

Schnittgeschwindigkeit, Umfangsgeschwindigkeit

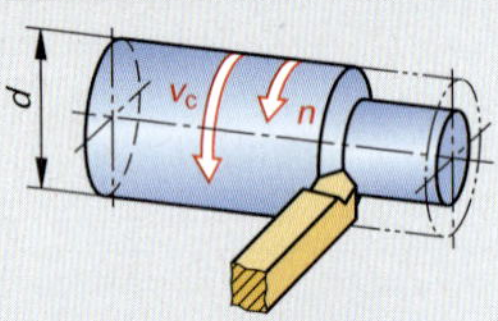

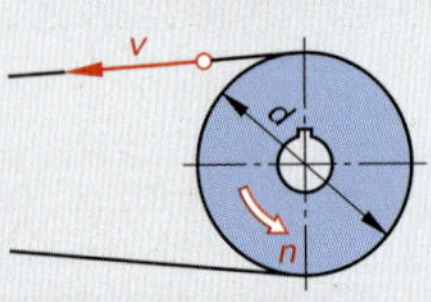

v_c Schnittgeschwindigkeit
v Umfangsgeschwindigkeit
d Durchmesser
n Drehzahl

Schnittgeschwindigkeit

$$v_c = \pi \cdot d \cdot n$$

Umfangsgeschwindigkeit

$$v = \pi \cdot d \cdot n$$

Mittlere Geschwindigkeit bei Kurbeltrieben

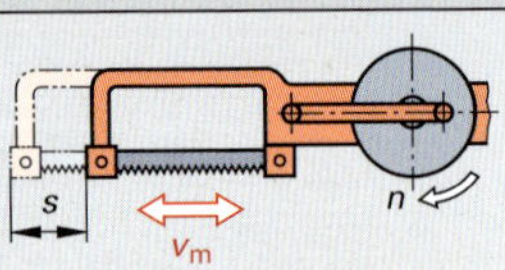

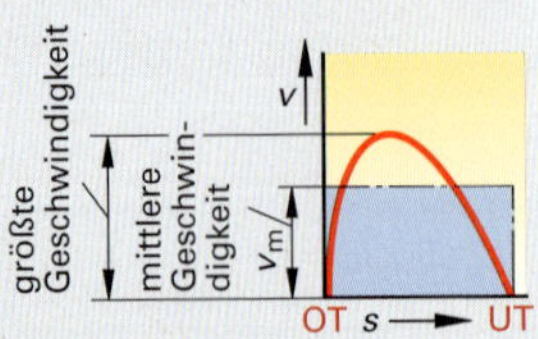

v_m mittlere Geschwindigkeit
n Anzahl der Doppelhübe
s Hublänge

Mittlere Geschwindigkeit

$$v_m = 2 \cdot s \cdot n$$

Kräfte

Darstellen, Zusammensetzen und Zerlegen von Kräften

Darstellen von Kräften

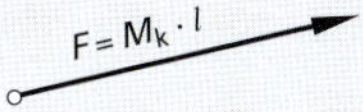

Zusammensetzen und Zerlegen von Kräften

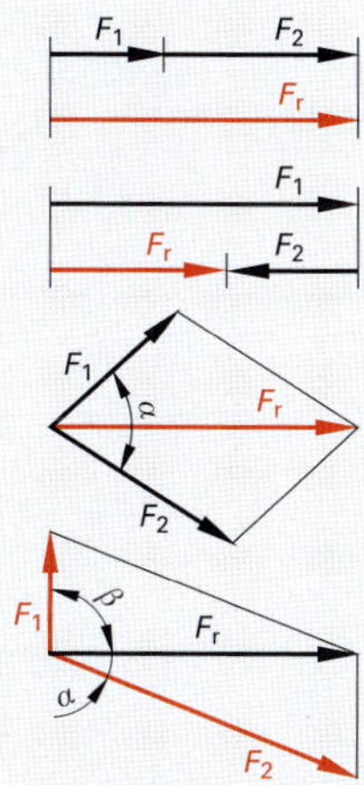

F_1, F_2 Teilkräfte
F_r Resultierende
M_k Kräftemaßstab
l Pfeillänge

Gleichgerichtete Kräfte auf einer Wirkungslinie

$$F_r = F_1 + F_2$$

Entgegengesetzte Kräfte auf einer Wirkungslinie

$$F_r = F_1 - F_2$$

Kräfte auf verschiedenen Wirkungslinien

Lösung durch Zeichnung mit Kräftemaßstab

$$l = \frac{F}{M_k}$$

$$1\ \text{N} = 1\ \frac{\text{kg} \cdot \text{m}}{\text{s}^2}$$

Kräfte bei Beschleunigung und Verzögerung

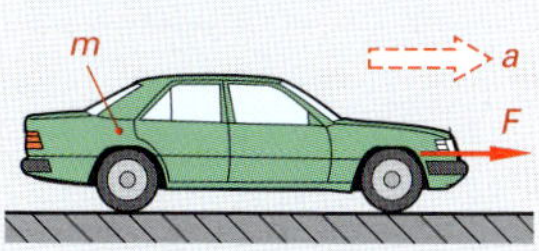

F Kraft
m Masse
a Beschleunigung, Verzögerung

$$F = m \cdot a$$

$$1\ \frac{\text{m}}{\text{s}^2} = \frac{1\ \frac{\text{m}}{\text{s}}}{1\ \text{s}}$$

Gewichtskraft

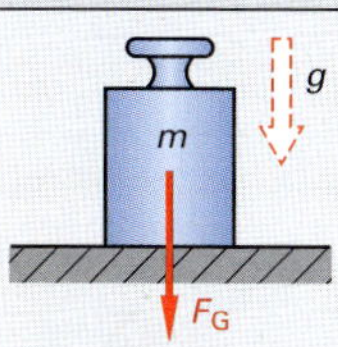

F_G Gewichtskraft
m Masse
g Fallbeschleunigung

$$F_G = m \cdot g$$

$$g = 9{,}81\ \frac{\text{m}}{\text{s}^2} \approx 10\ \frac{\text{m}}{\text{s}^2}$$

Reibungskraft

Haftreibung, Gleitreibung

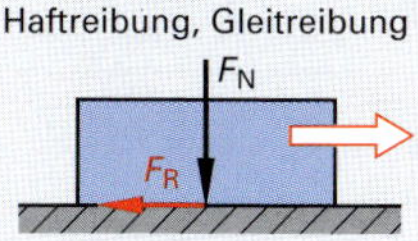

F_N Normalkraft
F_R Reibungskraft
μ Reibungszahl

$$F_R = \mu \cdot F_N$$

Hebel und Drehmoment

Einseitiger Hebel

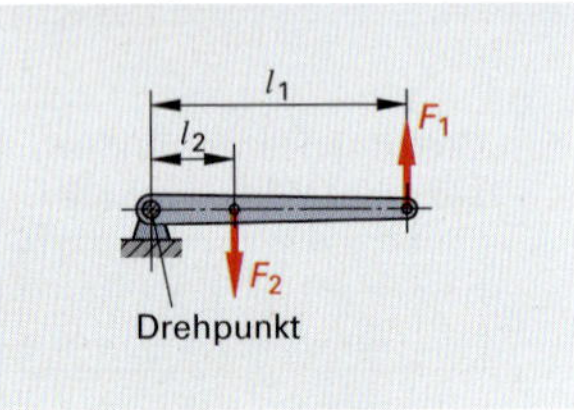

Zweiseitiger Hebel

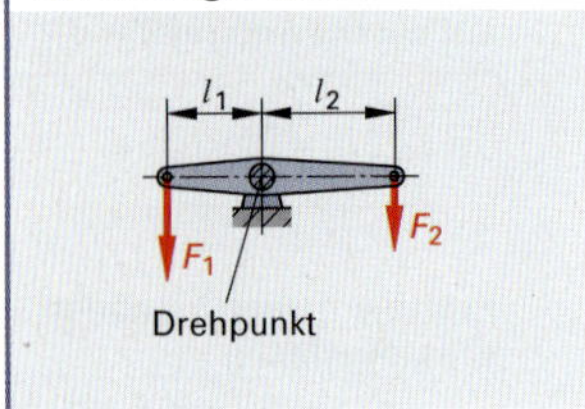

Winkelhebel

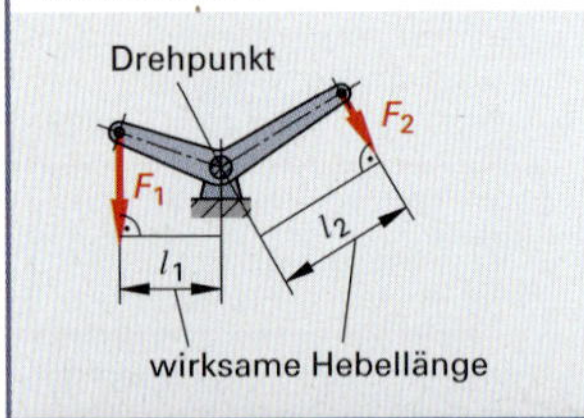

F, F_G, F_1, F_2, …	Kräfte
l, l_1, l_2, …	wirksame Hebellängen
M, M_1, M_2, …	Drehmomente
M_l	linksdrehendes Drehmoment
M_r	rechtsdrehendes Drehmoment
ΣM	Summe aller Drehmomente
ΣM_l	Summe aller linksdrehenden Momente
ΣM_r	Summe aller rechtsdrehenden Momente

$$M_l = M_r$$

Sind nur zwei Kräfte wirksam, so gilt:

$$F_1 \cdot l_1 = F_2 \cdot l_2$$

$$\Sigma M_l = \Sigma M_r$$

Die **wirksame Hebellänge** l ist der rechtwinklige Abstand zwischen Drehpunkt und Wirkungslinie der Kraft.

Auflagerkräfte

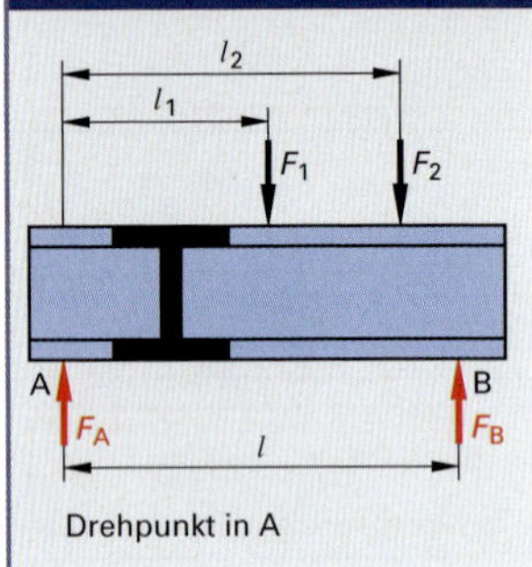

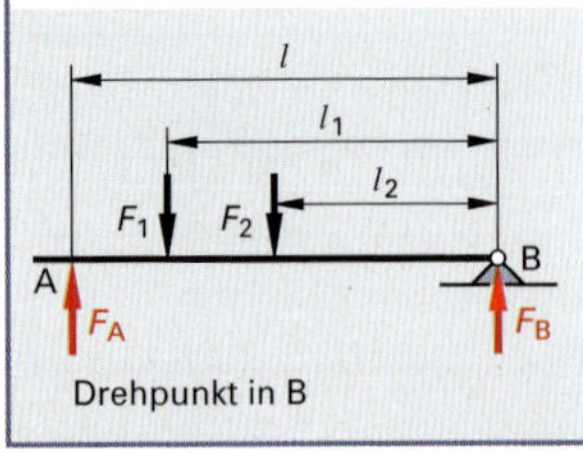

F_A	Auflagerkraft A
F_B	Auflagerkraft B
F_G	Gewichtskraft
F_1, F_2, …	wirksame Kräfte am Bauteil
l	Abstand der Lagerstellen
l_1, l_2, …	wirksame Hebellängen
M	Drehmomente
ΣM_l	Summe aller linksdrehenden Momente
ΣM_r	Summe aller rechtsdrehenden Momente

Bei Berechnung von Auflagerkräften wird jeweils ein Lagerpunkt als Drehpunkt angenommen.

$$\Sigma M_l = \Sigma M_r$$

$$F_B \cdot l = F_1 \cdot l_1 + F_2 \cdot l_2$$

$$F_B = \frac{F_1 \cdot l_1 + F_2 \cdot l_2}{l}$$

$$F_A \cdot l = F_1 \cdot l_1 + F_2 \cdot l_2$$

$$F_A = \frac{F_1 \cdot l_1 + F_2 \cdot l_2}{l}$$

$$\Sigma F\uparrow = \Sigma F\downarrow$$

$$F_A + F_B = F_1 + F_2$$

Mechanische Arbeit und Energie

Mechanische Arbeit

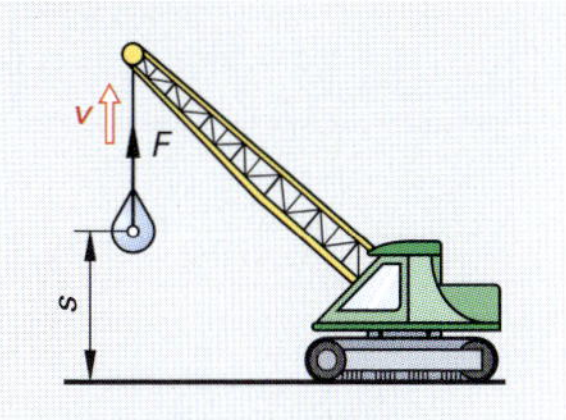

W Arbeit
F Kraft in Wegrichtung
s Kraftweg

Die Einheit für Arbeit und Energie ist 1 Joule (1 J)

$$W = F \cdot s$$

$$1\ \mathrm{J} = 1\ \mathrm{N} \cdot 1\ \mathrm{m}$$

Potentielle Energie

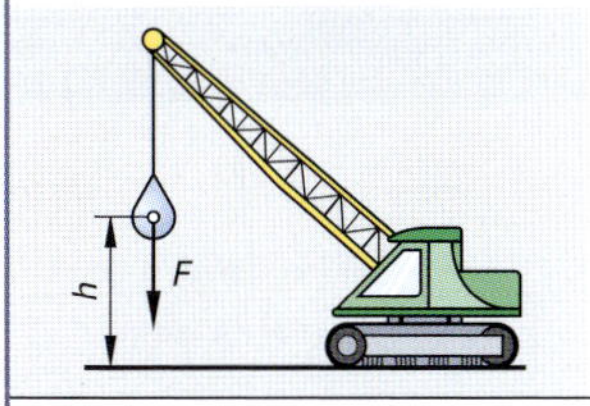

W_p potentielle Energie
F_G Gewichtskraft
h Höhe
m Masse
g Erdbeschleunigung

$$W_p = F_G \cdot h$$

$$W_p = m \cdot g \cdot h$$

Kinetische Energie

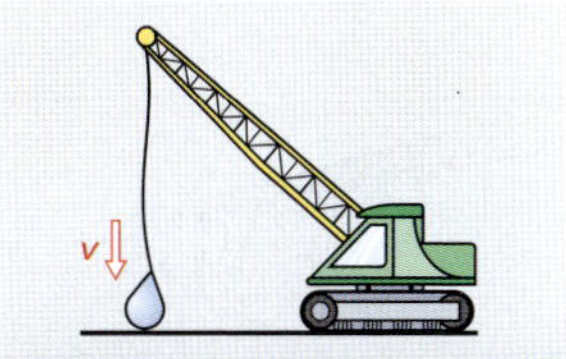

W_k kinetische Energie
m Masse
v Geschwindigkeit

$$W_k = \frac{m \cdot v^2}{2}$$

$$v = \sqrt{\frac{2 \cdot W_k}{m}}$$

Kräfte an der schiefen Ebene

Schiefe Ebene

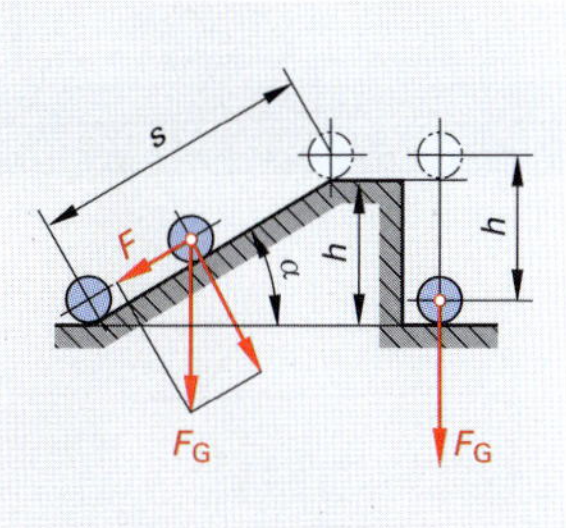

F Kraft
F_G Gewichtskraft
s Weg
h Hubweg
α Neigungswinkel

$$F \cdot s = F_G \cdot h$$

$$F = F_G \cdot \sin \alpha$$

Keil

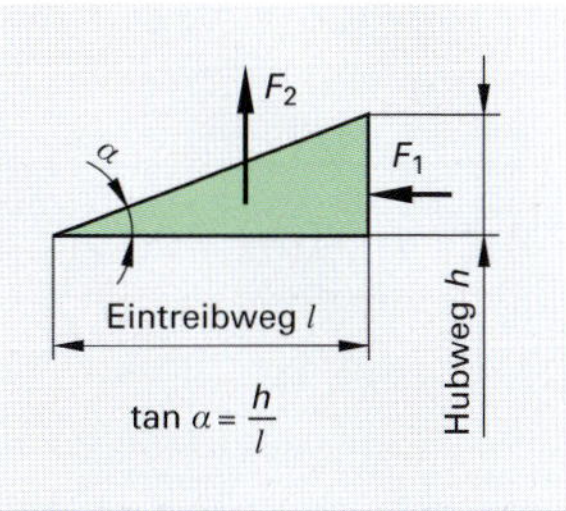

F_1 Eintreibkraft
F_2 Hubkraft
l Eintreibweg
h Hubweg
α Keilwinkel
N Neigung

$$F_1 \cdot l = F_2 \cdot h$$

$$N = \frac{h}{l} = \tan \alpha$$

$$F_2 = \frac{F_1}{\tan \alpha}$$

Kräfte an der schiefen Ebene

Schraube

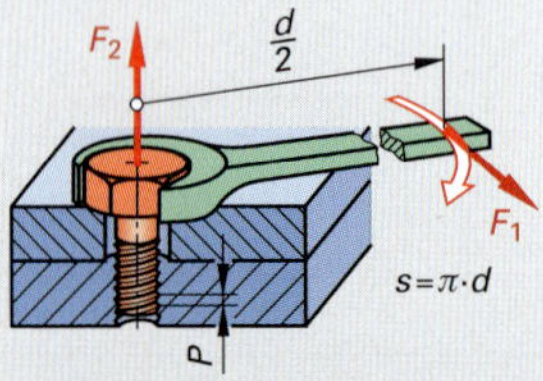

W_1 Handarbeit
W_2 Spannarbeit
F_1 Handkraft
F_2 Spannkraft
s Handweg
d Durchmesser
P Gewindesteigung

$$W_1 = W_2$$

$$F_1 \cdot s = F_2 \cdot P$$

$$F_1 \cdot \pi \cdot d = F_2 \cdot P$$

Mechanische Leistung

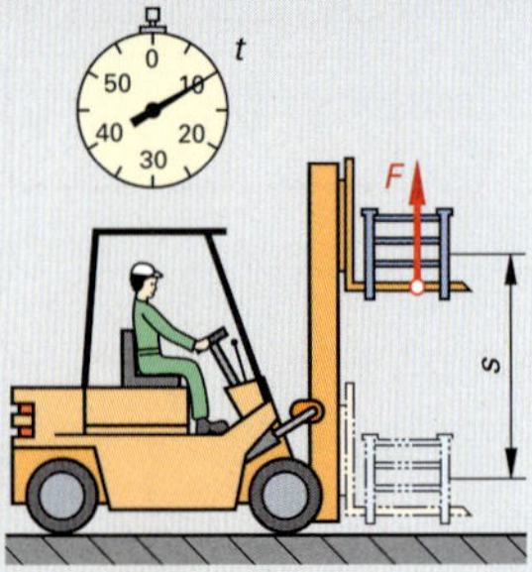

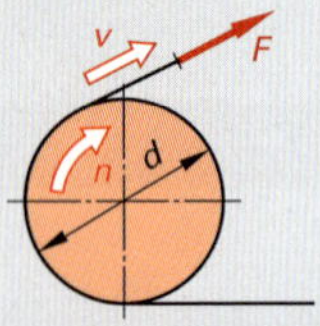

P Leistung
W Arbeit
F Kraft
M Drehmoment
s Weg
t Zeit
v Geschwindigkeit
n Drehzahl
d Durchmesser

$$P = \frac{W}{t}$$

$$P = \frac{F \cdot s}{t}$$

$$P = F \cdot v$$

$$P = F \cdot \pi \cdot d \cdot n$$

$$P = 2 \cdot \pi \cdot n \cdot M$$

$$1\ \text{W} = 1\ \frac{\text{J}}{\text{s}} = 1\ \frac{\text{N} \cdot \text{m}}{\text{s}}$$

Wirkungsgrad

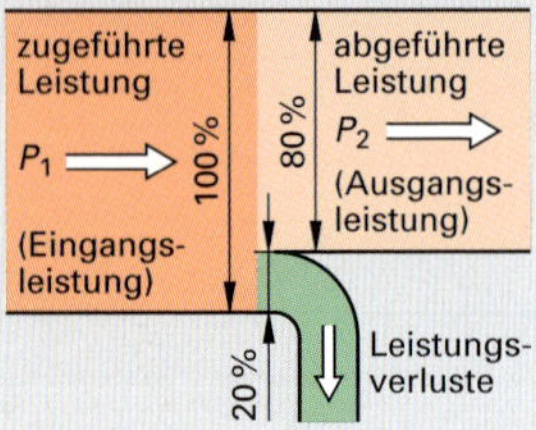

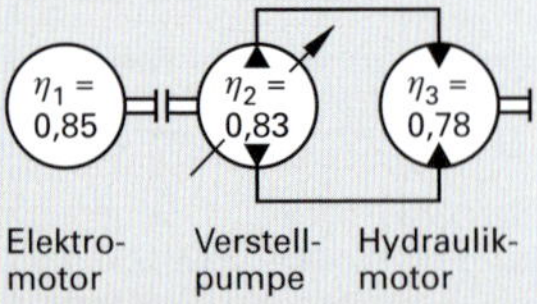

P_1 zugeführte Leistung
P_2 abgegebene Leistung
η Gesamtwirkungsgrad
$\eta_1, \eta_2 \ldots$ Teilwirkungsgrade

$$\eta = \frac{P_2}{P_1}$$

$$P_1 = \frac{P_2}{\eta}$$

$$P_2 = P_1 \cdot \eta$$

$$\eta = \eta_1 \cdot \eta_2 \cdot \eta_3 \ldots$$

Rolle und Flaschenzug

Feste Rolle

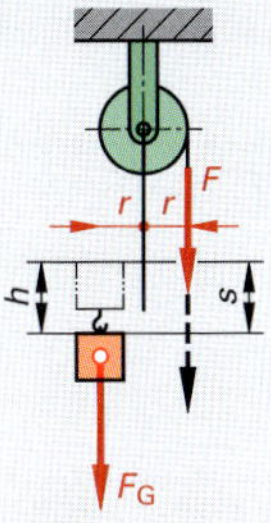

$F_G \cdot r = F \cdot r$

$F_G = F$

F Kraft, Handkraft
F_G Last, Gewichtskraft
s Kraftweg
h Lastweg

$$F = F_G$$

$$s = h$$

Lose Rolle

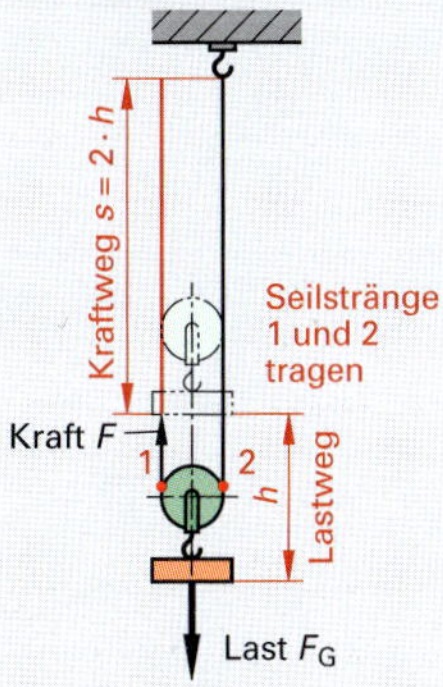

$F \cdot 2r = F_G \cdot r$

$F = \frac{F_G}{2}$

F Kraft, Handkraft
F_G Last, Gewichtskraft
s Kraftweg
h Lastweg

$$F = \frac{F_G}{2}$$

$$s = 2 \cdot h$$

$h = \frac{s}{2}$

Rollenflaschenzug

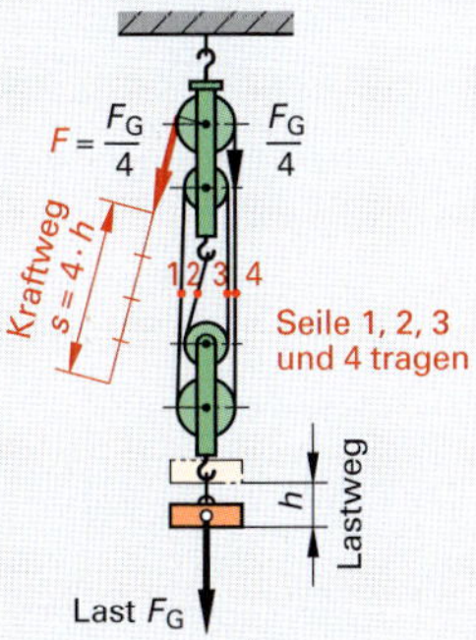

Die Anzahl der tragenden Seile entspricht meist der Anzahl der Rollen.

F Kraft, Handkraft
F_G Last, Gewichtskraft
s Kraftweg
h Lastweg
n Anzahl der Rollen, Anzahl der tragenden Seilstränge

$$F = \frac{F_G}{n}$$

$$s = n \cdot h$$

$h = \frac{s}{n}$

Berechnungen an Metallbaukonstruktionen

Teilungslängen bei Gittern und Bauelementen

Bei der Berechnung der lichten Weite von Gittern und Geländern muss die jeweilige Einbausituation berücksichtigt werden.

Teilungslängen bei Einzelfeld ohne Pfosten

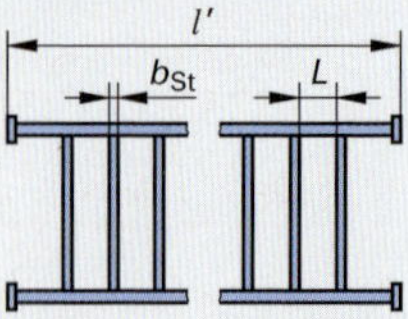

l' innere Feldlänge
b_{St} Stabbreite
n Anzahl der Stäbe
L lichte Weite

$$L = \frac{l' - n \cdot b_{St}}{n + 1}$$

Teilungslängen bei Einzelfeld mit Pfosten

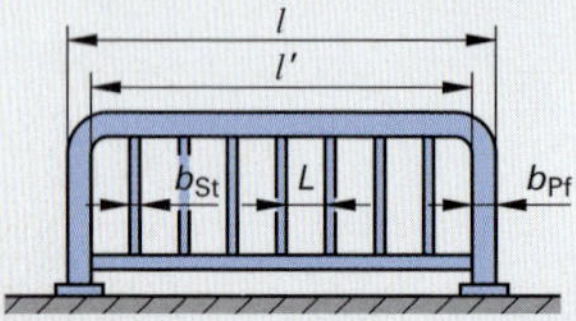

l Feldlänge
b_{Pf} Pfostenbreite
b_{St} Stabbreite
n Anzahl der Stäbe
L lichte Weite

$$L = \frac{l - (2 \cdot b_{Pf} + n \cdot b_{St})}{n + 1}$$

Teilungslängen bei durchlaufendem Geländer

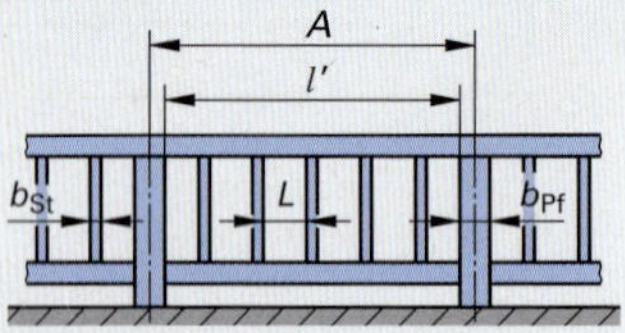

A Pfostenabstand
b_{Pf} Pfostenbreite
b_{St} Stabbreite
n Anzahl der Stäbe
L lichte Weite

$$L = \frac{A - (b_{Pf} + n \cdot b_{St})}{n + 1}$$

Teilungslängen bei Bauelementen zwischen Pfosten

Bei der Fertigung von Metallbau-Konstruktionen aus Pfosten und Füllelementen wie Geländerfüllungen, Fassaden und Raumteilern muss die Breite B der Bauelemente berechnet werden.

l Gesamtlänge
a Wandschluss
n Anzahl der Pfosten, Abstände
n_B Anzahl der Bauelemente
B Bauelementbreite
b_{Pf} Pfostenbreite

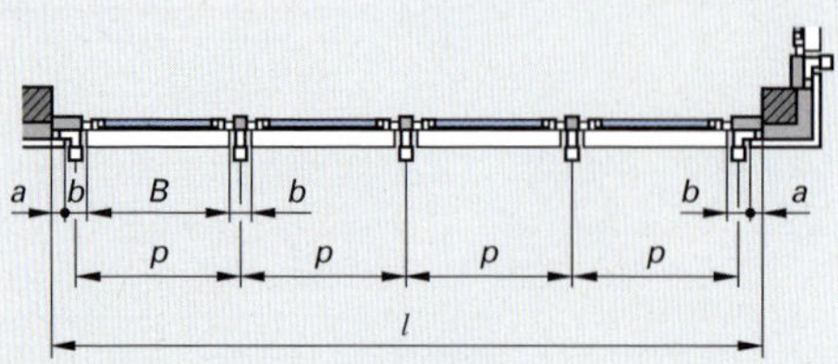

$$B = \frac{l - (2 \cdot a + n \cdot b_{Pf})}{n_B}$$

Berechnungen an Metallbaukonstruktionen

Teilungslängen nach Landesbauordnung

Es wird zuerst die Anzahl der Stäbe entsprechend der Einbausituation berechnet, wobei die nach Landesbauordnung und DIN 18065 vorgeschriebene maximale lichte Weite von 120 mm berücksichtigt werden muss. Dann kann die lichte Weite nach den Formeln S. 26 berechnet werden.

Teilungslängen bei Einzelfeld ohne Pfosten

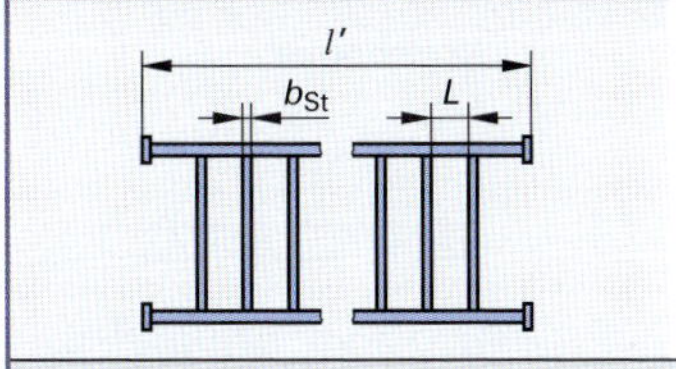

l' innere Feldlänge
b_{St} Stabbreite
n Anzahl der Stäbe

$$n = \frac{l' - 120\ \text{mm}}{b_{St} + 120\ \text{mm}}$$

Teilungslängen bei Einzelfeld mit Pfosten

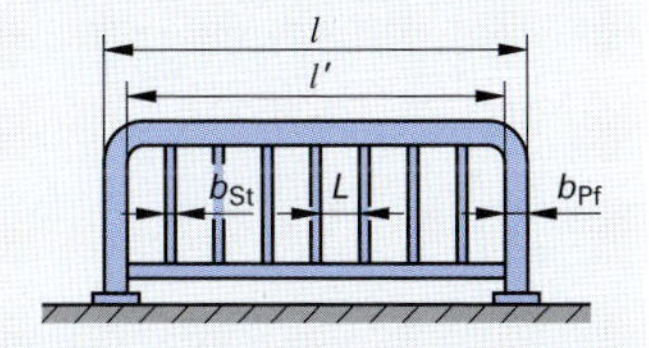

l Feldlänge
b_{St} Stabbreite
b_{Pf} Pfostenbreite
n Anzahl der Stäbe

$$n = \frac{l - (2 \cdot b_{Pf} + 120\ \text{mm})}{b_{St} + 120\ \text{mm}}$$

Teilungslängen bei durchlaufendem Geländer

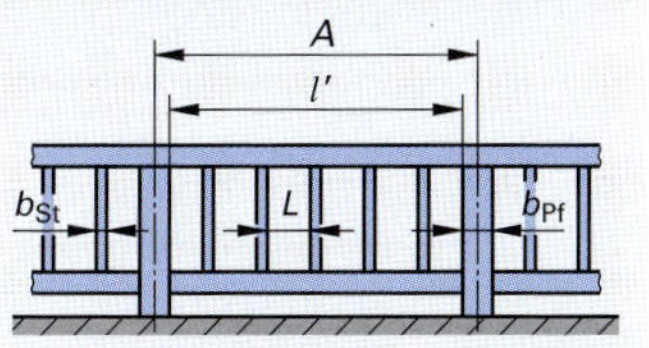

A Pfostenabstand
b_{St} Stabbreite
b_{Pf} Pfostenbreite
n Anzahl der Stäbe

$$n = \frac{A - (b_{Pf} + 120\ \text{mm})}{b_{St} + 120\ \text{mm}}$$

Bestimmung mithilfe von Tabellen

Für vorgegebene Füllstab-Breiten kann die lichte Weite mithilfe von Tabellen ermittelt werden. Das eingezeichnete Beispiel zeigt, dass für ein Gitter mit der inneren Feldlänge von 1800 mm 13 Stäbe mit einer Stabbreite von 12 mm benötigt werden. Die lichte Weite beträgt dabei 117,5 mm.

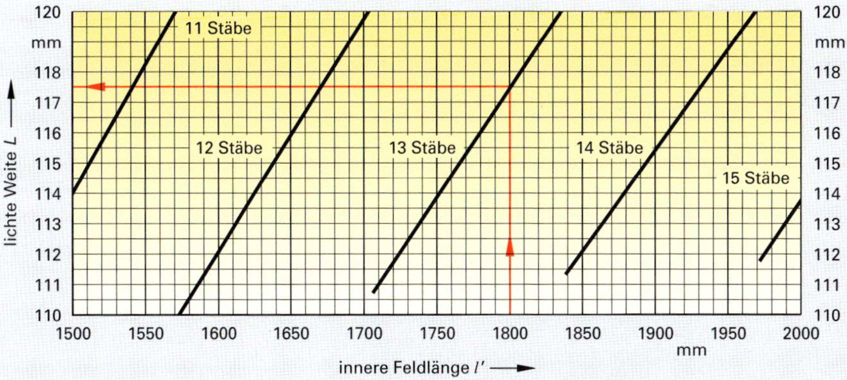

Berechnungen an Metallbaukonstruktionen

Teilungslängen gekrümmter Strecken

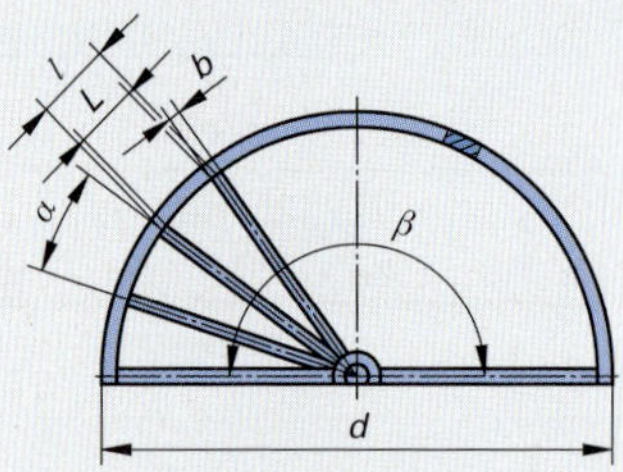

L lichte Weite
B Bauteilbreite
l Sehnenlänge
b Stabbreite, Pfostenbreite
n Anzahl der Stäbe, Anzahl der Pfosten
d Durchmesser
β Gesamtwinkel
α Mittelpunktswinkel

Geschlossener Kreis

$$\alpha = \frac{\beta}{n}$$

Kreisbogen

$$\alpha = \frac{\beta}{n+1}$$

$$L = d \cdot \sin\frac{\alpha}{2} - b$$

$$B = d \cdot \sin\frac{\alpha}{2} - b$$

Schließt eine Metallbaukonstruktion eines Kreisbogens nicht mit einem Stab oder Pfosten an das Bauwerk an, gilt für L und B:

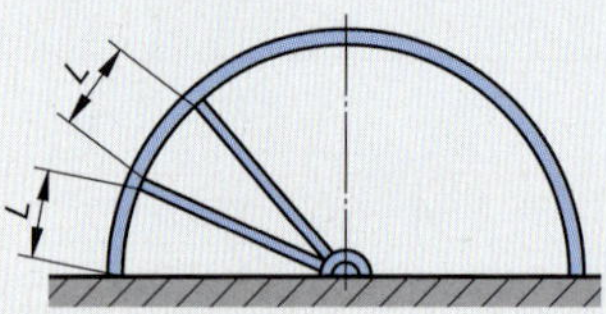

$$L = d \cdot \sin\frac{\alpha}{2} - \frac{b}{2}$$

$$B = d \cdot \sin\frac{\alpha}{2} - \frac{b}{2}$$

Oberflächen von Profilkonstruktionen

U längenbezogene Mantelfläche
l Länge
A Gesamtmantelfläche

$$A = U \cdot l$$

U-Stahl

Kurzzeichen U	Maße in mm für h	b	Mantelfläche U m²/m
50 × 25	**50**	25	0,181
50	50	38	0,232
60 × 30	60	30	0,215
65	65	42	0,273
80	80	45	0,312
100	100	50	0,372
120	120	55	0,434
140	140	60	0,489
160	160	65	0,546
180	180	70	0,611
200	200	75	0,661

Breiter I-Träger HE-A-Reihe

Kurzzeichen HE-A (IPB)	Maße in mm für h	b	Mantelfläche U m²/m
100	96	100	0,561
120	114	120	0,667
140	133	140	0,794
160	152	160	0,906
180	171	180	1,02
200	190	200	1,14
220	210	220	1,26
240	230	240	1,37
260	250	260	1,48
280	270	280	1,60
300	290	300	1,72

Mittelbreiter I-Träger IPE-Reihe

Kurzzeichen IPE	Maße in mm für h	b	Mantelfläche U m²/m
IPE 100	100	55	0,400
IPE 120	120	64	0,475
IPE 140	140	73	0,551
IPE 160	160	82	0,623
IPE 180	180	91	0,698
IPE 200	200	100	0,768
IPE 220	220	110	0,848
IPE 240	240	120	0,922

Rechteckige Hohlprofile warmgefertigt

Nennmaße H × B mm	Wanddicke T mm	Querschnitt F_2 cm²	Gewicht G kg/m	Mantelfläche U m²/m
50 × 30	2,9	4,23	2,32	0,155
60 × 40	2,9	5,39	4,23	0,195
70 × 40	2,9	5,97	4,69	0,215
80 × 40	2,9	6,55	5,14	0,235
90 × 50	3,2	8,46	6,64	0,275
100 × 50	3,6	10,2	7,98	0,294
100 × 60	3,6	10,9	8,55	0,314

Berechnungen an Metallbaukonstruktionen

Masse von Profilkonstruktionen

Im Stahl- und Metallbau wird die Gesamtmasse einer Konstruktion nach den Handelsgewichten bzw. mit Zuschlägen berechnet.

Stahlbau

m Masse
m_H Handelsgewicht
l Länge

$$m = m_H \cdot l$$

Handelsgewichte für Formstahl m_H in kg/m

U		IPE		HE = IPBI		HE-B = IPB		HE = IPBv	
80	8,9	120	10,7	100	17,1	100	20,9	100	42,8
120	13,7	180	19,3	120	20,4	120	27,4	120	53,4
140	16,4	200	23	140	25,3	140	34,5	140	64,8
180	22,5	220	26,9	160	31,2	160	43,7	160	78,1
200	26	240	31,5	180	36,4	180	52,6	180	91,1
220	30	300	43,3	200	43	200	63	200	106
240	34			220	52	220	73	220	120
260	39	330	50,4	240	62	240	85	240	161
280	43	360	58,6	260	70	260	95	260	176
300	48	400	68	280	78	280	106	280	194
320	61	450	80	300	90	300	120	300	244
350	62	500	93	320	100	320	130	320	251
380	65	550	109	340	108	340	137	340	254
400	74	600	125	360	115	360	146	360	256
				400	128	400	159	400	262

Metallbau

Im Metallbau wird für die flächenbezogene Masse 8 kg/m² je mm Materialdicke gerechnet und für Profile ein Zuschlag von 2 % für Walzwerkstoleranzen und 2 % für Verbindungselemente wie Niete, Schrauben und Schweißnähte angesetzt.

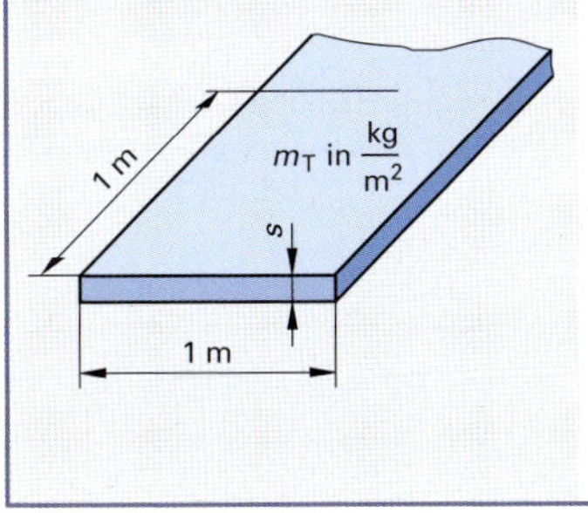

m Masse
m_T Masse nach Tabellen
Z_1, Z_2 Zuschläge

$$m = m_T \cdot Z_1 \cdot Z_2$$

$$m = m_T \cdot 1{,}02 \cdot 1{,}02$$

Berechnungen an Metallbaukonstruktionen

Zuschnittlängen gebogener Profile

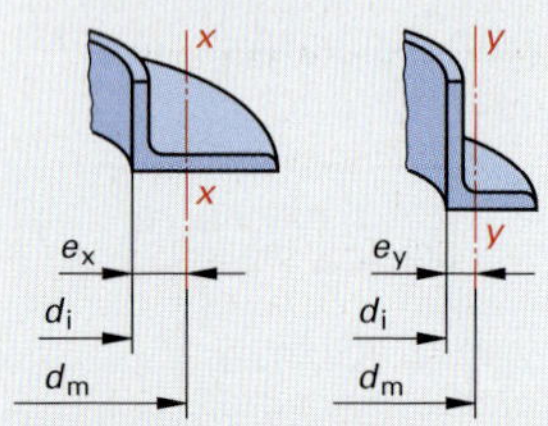

$x - - x$	Biegeachse x
$y - - y$	Biegeachse y
e	Abstand der Biegeachse
e_x	Abstand der Biegeachse x
e_y	Abstand der Biegeachse y
d_i	Innendurchmesser
d_m	Mittlerer Durchmesser
l	Zuschnittlänge

$$d_m = d_i + 2 \cdot e$$

$$d_m = d_i + 2 \cdot e$$

$$l = \pi \cdot d \cdot \frac{\alpha}{360°}$$

Zuschnittlängen von Systemkonstruktionen

Fenster

Überschlag

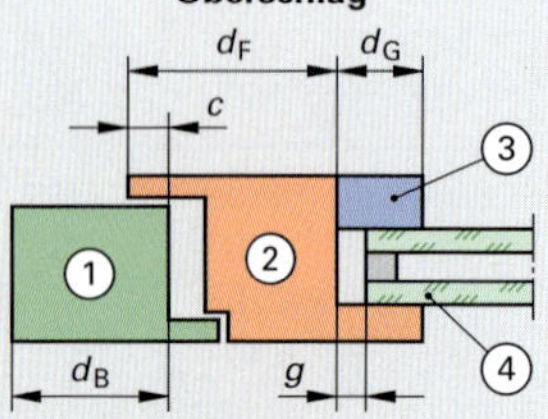

Flächenbündig

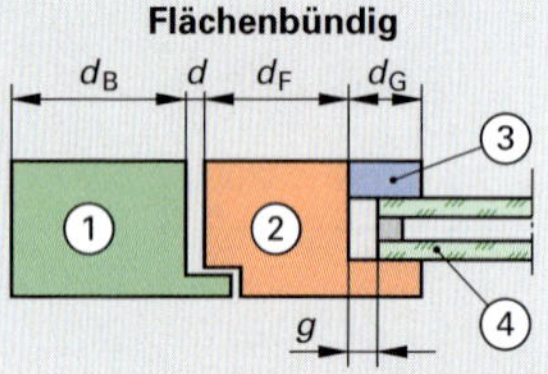

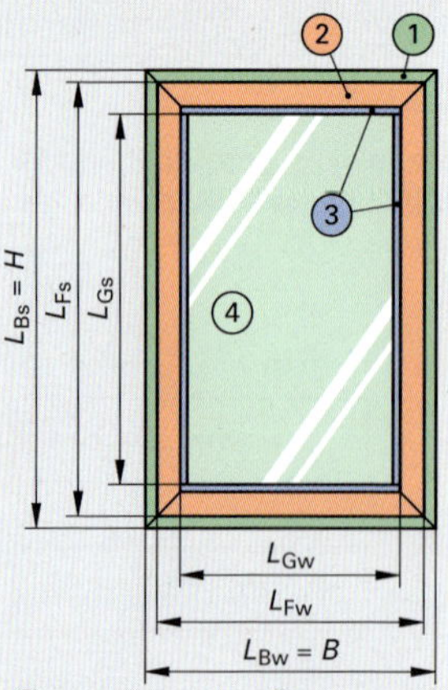

① Blendrahmen ② Flügelrahmen ③ Glasleiste ④ Glasscheibe

B	Fensterbreite
H	Fensterhöhe
d_B	Profilmaß für Blendrahmen
d_F	Profilmaß für Flügelrahmen
d_G	Profilmaß für Glasleiste
c	Überschlag
d	Schattenfuge
G_B	Glasbreite
G_H	Glashöhe
L_{Bw}	Zuschnittlänge für Blendrahmen, waagrecht
L_{Bs}	Zuschnittlänge für Blendrahmen, senkrecht
L_{Fw}	Zuschnittlänge für Flügelrahmen, waagrecht
L_{Fs}	Zuschnittlänge für Flügelrahmen, senkrecht
L_{Gws}	Zuschnittlänge für Glasleiste, waagrecht
L_{Gs}	Zuschnittlänge für Glasleiste, senkrecht
g	Falzgrund

$$L_{Bw} = B$$

$$L_{Bs} = H$$

Überschlag

$$L_{Fw} = B - 2 \cdot (d_B - c)$$

$$L_{Fs} = H - 2 \cdot (d_B - c)$$

Flächenbündig

$$L_{Fw} = B - 2 \cdot (d_B + d)$$

$$L_{Fs} = H - 2 \cdot (d_B + d)$$

$$L_{Gw} = L_{Fw} - 2 \cdot d_F$$

$$L_{Gs} = L_{Fs} - 2 \cdot (d_F + d_G)$$

$$G_B = L_{Fw} - 2 \cdot (d_F + g)$$

$$G_H = L_{Fs} - 2 \cdot (d_F + g)$$

Berechnungen an Metallbaukonstruktionen

Türen

B	Türbreite
H	Türhöhe
G_B	Glasbreite
G_H	Glashöhe
d_B, d_F, d_S	Profilmaße
e	Profilmaß Glasleiste
a	Bodeneinstand
b	Bodenfreiheit
c	Zwischenraumbreite
f	Anschlag
g	Falzgrund
L_{Bw}	Zuschnittlänge für Blendrahmen, waagrecht
L_{Bs}	Zuschnittlänge für Blendrahmen, senkrecht
L_{Fw}	Zuschnittlänge für Flügelrahmen, waagrecht
L_{Fs}	Zuschnittlänge für Flügelrahmen, senkrecht
L_{Sch}	Schwellenlänge
L_{Gw}	Zuschnittlänge für Glasleiste, waagrecht
L_{Gs}	Zuschnittlänge für Glasleiste, senkrecht
G_B	Breite der Glasscheibe
G_H	Höhe der Glasscheibe
OFF	Oberkante fertiger Fußboden

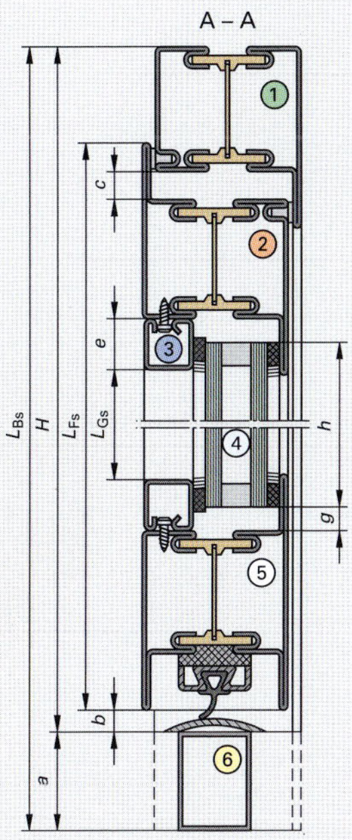

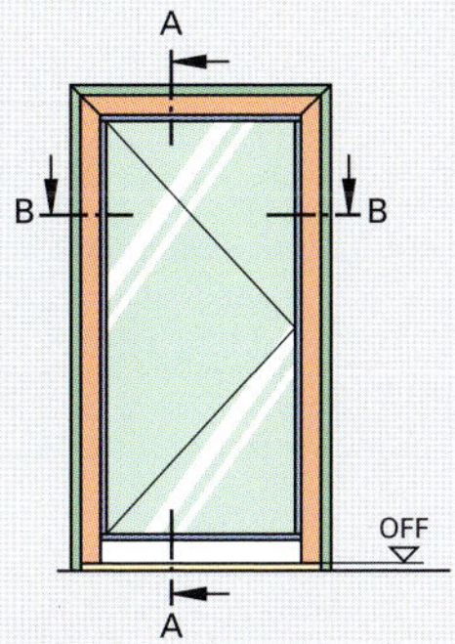

1 Blendrahmen
2 Flügelrahmen
3 Glasleiste
4 Glasscheibe oder Türblatt
5 Sockel
6 Schwelle

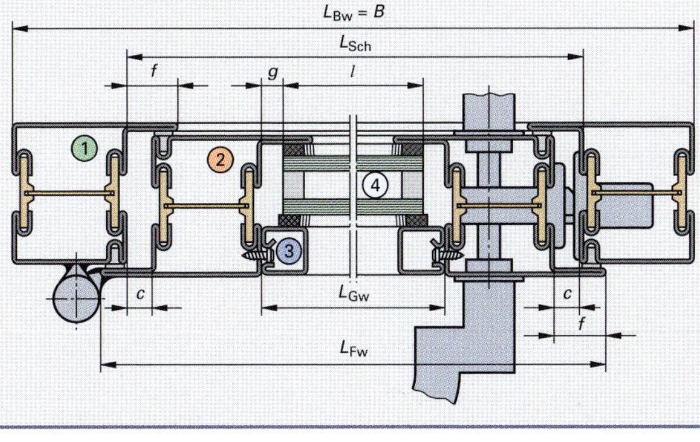

$$L_{Bw} = B$$

$$L_{Bs} = H + a$$

$$L_{Sch} = B - 2 \cdot d_B$$

$$L_{Fw} = B - 2 \cdot (d_B - f + c)$$

$$L_{Fs} = H - d_B + f - c - b$$

$$L_{Gw} = L_{Fw} - 2 \cdot d_F$$

$$L_{Gs} = L_{Fs} - d_F - d_S - 2 \cdot e$$

$$G_B = L_{Fw} - 2 \cdot (d_F + g)$$

$$G_H = L_{Fs} - d_F - d_S - 2 \cdot g$$

Berechnungen an Metallbaukonstruktionen

Rohmaße von Schmiede- und Pressstücken

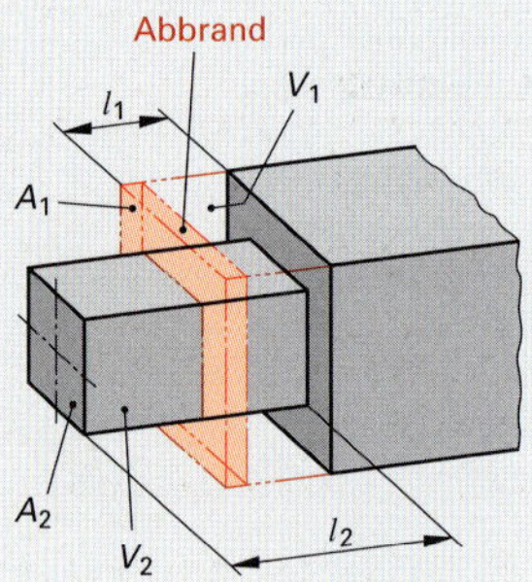

V_1	Ausgangsvolumen
V_2	Endvolumen
A_1	Ausgangsfläche
A_2	Endfläche
l_1, l_2	Längen
d_1, d_2	Durchmesser
q	Zuschlagsfaktor für Abbrand oder Gratverluste

$$V_1 = V_2$$

$$V_1 = V_2 + q \cdot V_2$$

$$V_1 = V_2 \cdot (1 + q)$$

$$A_1 \cdot l_1 = A_2 \cdot l_2 \cdot (1 + q)$$

Für zylindrische Körper gilt:

$$d_1^2 \cdot l_1 = d_2^2 \cdot l_2$$

Treppenberechnungen

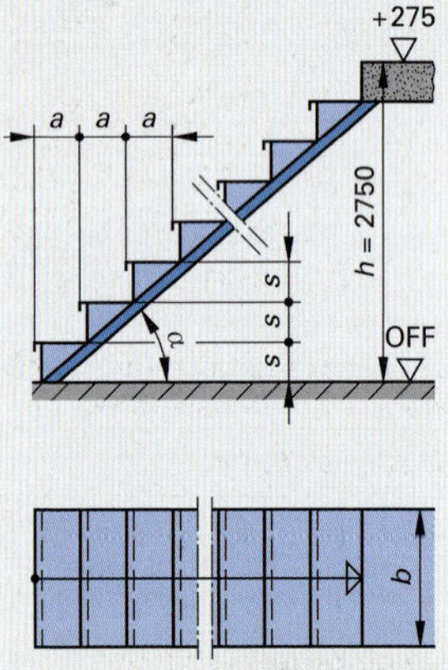

a	Auftrittsbreite
s	Treppensteigung
h	Treppenhöhe
α	Steigungswinkel
b	nutzbare Laufbreite
l	Lauflinie, Treppenlauflänge
n_s	Anzahl der Steigungen
n_a	Anzahl der Auftritte

Schrittmaßregel

$$2 \cdot s + a = 59 \text{ bis } 65 \text{ cm}$$

Vereinfachte Schrittmaßregel

$$2 \cdot s + a = 63 \text{ cm}$$

$$n_s = \frac{h}{s}$$

$$n_a = n_s - 1$$

$$l = (n_s - 1) \cdot a$$

$$l = n_a \cdot a$$

Maßliche Anforderungen im Treppenbau

Gebäudeart	Treppenart	Nutzbare Treppenlaufbreite b in cm	Treppensteigung s in cm	Auftrittbreite a in cm
Wohngebäude mit nicht mehr als zwei Wohnungen	Treppen zu Aufenthaltsräumen	≥ 80	17 ± 3	$28 \pm {}^{9}_{5}$
	Kellertreppen und Bodentreppen	≥ 80	≤ 21	≥ 21
Sonstige Gebäude	Baurechtlich notwendige Treppen	≥ 100	$17 \pm {}^{2}_{3}$	$28 \pm {}^{9}_{2}$

Blechkonstruktionen

Gestreckte Längen gekanteter Bauelemente

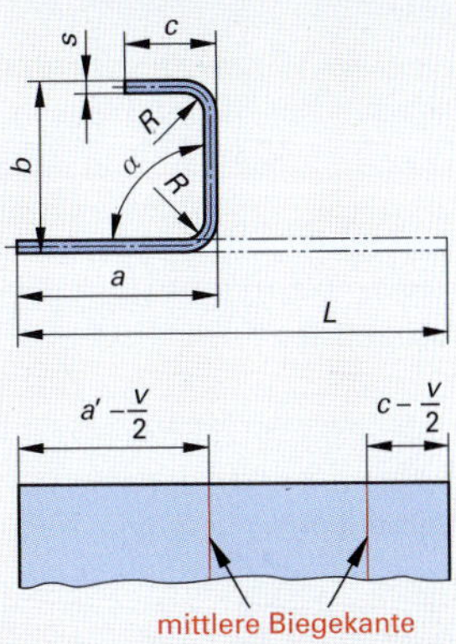

L, B	Gestreckte Länge, Streifenbreite
R	Biegeradius
s, t	Blechdicke
a, b, c …	Schenkellängen, außen
v	Verkürzung
α	Biegewinkel

Für $0 \le \alpha \le 165°$

$$L = a + b + \ldots - v_1 - v_2 \ldots$$

Für $165 < \alpha \le 180°$

$$L = a + b + c + \ldots$$

Für $\alpha = 90°$

$$v \approx 0{,}5 \cdot R + 1{,}5 \cdot s$$

Ausgleichswert *v* in mm für 90°-Biegewinkel nach DIN 6935 (2.83)

Dicke *s* in mm		1	1,5	2	2,5	3	3,5	4	4,5	5	6	8	10
Biegeradius *R* in mm	1	1,9	–	–	–	–	–	–	–	–	–	–	–
	1,6	2,1	2,9	–	–	–	–	–	–	–	–	–	–
	2,5	2,4	3,2	4,0	4,8	–	–	–	–	–	–	–	–
	4	3,0	3,7	4,5	5,2	6,0	6,9	–	–	–	–	–	–
	6	3,8	4,5	5,2	5,9	6,7	7,5	8,3	9,0	9,9	–	–	–
	10	5,5	6,1	6,7	7,4	8,1	8,9	9,6	10,4	11,2	12,7	–	–
	16	8,1	8,7	9,3	9,9	10,5	11,2	11,9	12,6	13,3	14,8	17,8	21,0
	20	9,8	10,4	11,0	11,6	12,2	12,8	13,4	14,1	14,9	16,3	19,3	22,3

Zugaben

Drahteinlagen

Die Zugabe beim Blechzuschnitt für das Einrollen des Drahtes hängt vom Drahtdurchmesser und der Zargenform ab. Die Drahtlänge wird mit den Formeln für die gestreckte Länge berechnet.

Zargenformen

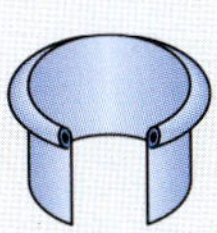

zylindrisch

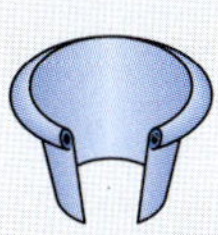

kegelig nach innen

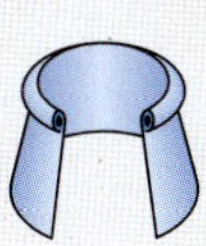

kegelig nach außen

z, z_1, z_2	Zugaben
d, d_1, d_2	Drahtdurchmesser
s, t	Blechdicke
l_1, l_2	Längen
L_S	Zuschnittlänge

Für zylindrische Zarge

$$z = 2{,}5 \cdot d$$

Für kegelige Zarge nach innen

$$z = 3 \cdot d$$

Für kegelige Zarge nach außen

$$z = 2 \cdot d$$

$$L_S = l_1 + z$$

Blechkonstruktionen

Zugaben

Falze

Die Breite von Längsfalzen richtet sich nach Blechdicke und Größe des Werkstücks. Bodenfalze sind ca. 5 mm breit. Die Zugabe ist von der Art des Falzes abhängig. Ein einfacher Falz ist dreilagig, ein doppelter fünflagig.

$$B \approx 10 \cdot s$$

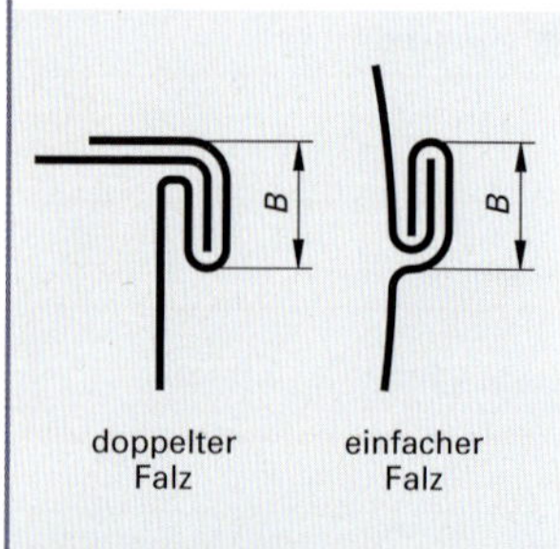

B	Falzbreite
s, t	Blechdicke
L_s	Zuschnittlänge
L	gestreckte Länge

Einfacher Falz

$$L_S = L + 3 \cdot B$$

Doppelter Falz

$$L_S = L + 5 \cdot B$$

Abwicklungen

Kegelige Blechformkörper

l_1, l_2	Mantelhöhen	β	halber Kegelwinkel
d, D	Durchmesser	L	Tafellänge
h_1, h_2	Kegelhöhen	B	Tafelbreite
φ	halber Spitzenwinkel der Abwicklung	D	Behälterdurchmesser, Zargendurchmesser

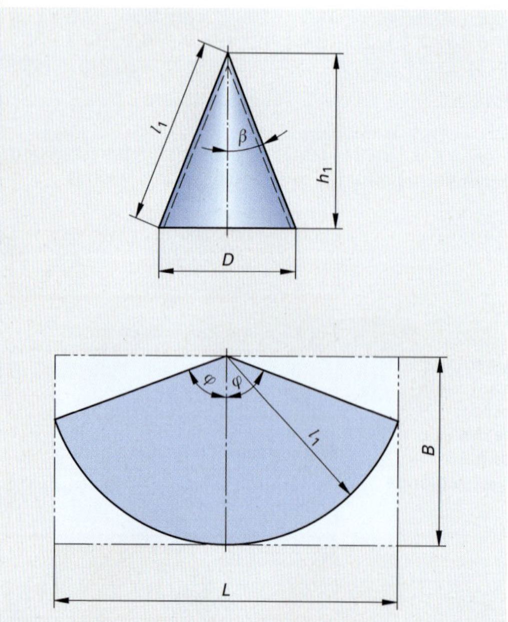

$$l_1 = \sqrt{h_1^2 + \left(\frac{D}{2}\right)^2}$$

$$l_2 = \frac{D}{2 \cdot \sin \beta}$$

$$\tan \beta = \frac{D}{2 \cdot h_1}$$

$$\varphi = 180° \cdot \sin \beta$$

Für $\beta < 30°$ $\varphi < 90°$

$$L = 2 \cdot l_1 \cdot \sin \varphi$$

$$B = l_1$$

Für $\beta \geq 30°$ $\varphi \geq 90°$

$$L = 2 \cdot l_1$$

$$B = l_1 \cdot (1 - \cos \varphi)$$

Blechkonstruktionen

Abwicklungen

Kegelstumpfförmige Blechformkörper

l_1, l_2 Mantelhöhen
d, D Durchmesser
h_1, h_2 Kegelhöhen
φ halber Spitzenwinkel der Abwicklung
β halber Kegelwinkel
L Tafellänge
B Tafelbreite
D Behälterdurchmesser, Zargendurchmesser

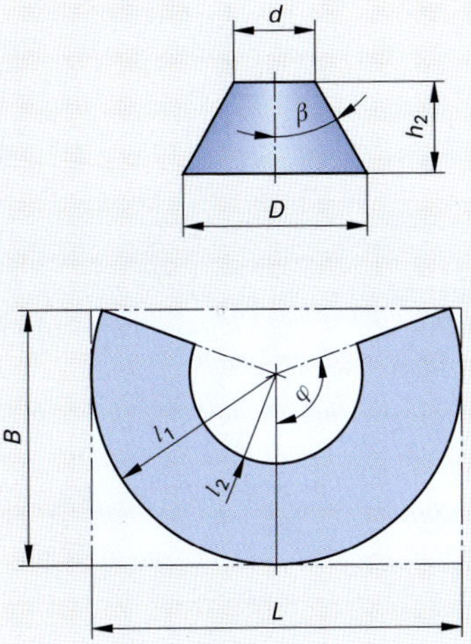

$$\tan\beta = \frac{D-d}{2 \cdot h_2}$$

$$l_1 = \frac{D}{2 \cdot \sin\beta}$$

$$l_2 = \frac{d}{2 \cdot \sin\beta}$$

$$\varphi = 180° \cdot \sin\beta$$

$$L = 2 \cdot l_1 \cdot \sin\varphi$$

$$B = l_1 - l_2 \cdot \cos\varphi$$

$$L = 2 \cdot l_1$$

$$B = l_1 \cdot (1 - \cos\varphi)$$

Schräggeschnittene zylindrische Blechformkörper

α Schnittwinkel am Rohr
φ Schrittwinkel
x_n x-Koordinaten
y_n y-Koordinaten
P_n Koordinatenpunkte
$0 \ldots n$ Anzahl der Teilungen
d Rohrdurchmesser
h Rohrlänge

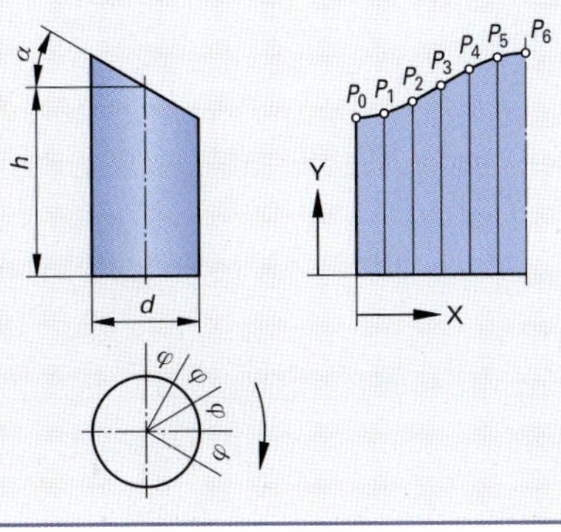

$$\varphi = \frac{360°}{n}$$

$$x_n = \pi \cdot d \cdot n \cdot \frac{\varphi}{360°}$$

$$y_n = h - \frac{d}{2} \cdot \tan\alpha \cdot \cos(n \cdot \varphi)$$

Wärmetechnik

Temperatur

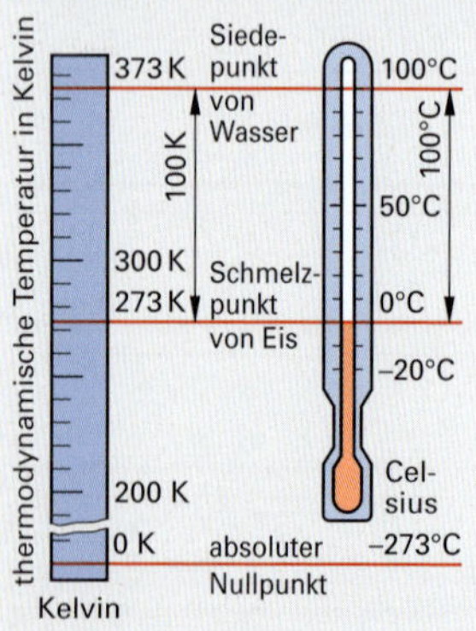

Temperaturen werden in **Kelvin** (K) oder in **Grad Celsius** (°C) gemessen. Die Kelvinskala geht von der tiefstmöglichen Temperatur, dem absoluten Nullpunkt aus, die Celsiusskala vom Schmelzpunkt des Eises.

T Temperatur in K (Kelvin)

Θ Temperatur in °C (Grad Celsius)

$$\Theta = T - 273$$

$$T = \Theta + 273$$

Wärmemenge

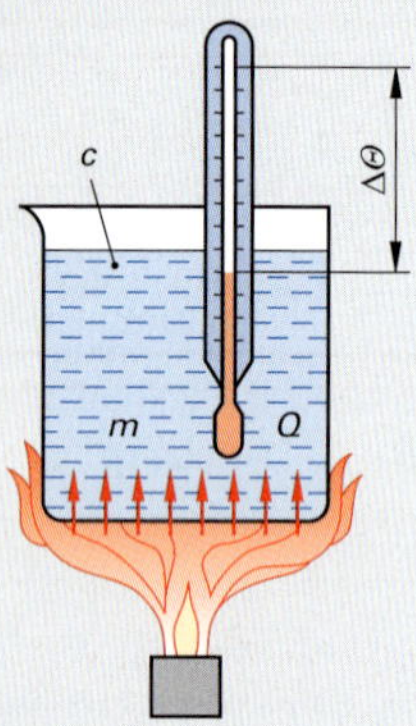

Die **spezifische Wärmekapazität *c*** gibt an, wie viel Wärme nötig ist, um 1 kg eines Stoffes um 1 °C zu erwärmen. Bei Abkühlung wird die gleiche Wärmemenge wieder frei.

Q Wärmemenge

c spezifische Wärmekapazität

m Masse

Θ_1 Anfangstemperatur

Θ_2 Endtemperatur

$\Delta\Theta$ Temperaturänderung

$$\Delta\Theta = \Theta_2 + \Theta_1$$

$$Q = c \cdot m \cdot \Delta\Theta$$

1 J = 1 W · s = 1 N · m
1 W · h = 3600 W · s = 3600 J
1 kW · h = 3,6 · 10^6 J

Längen- und Volumenänderung

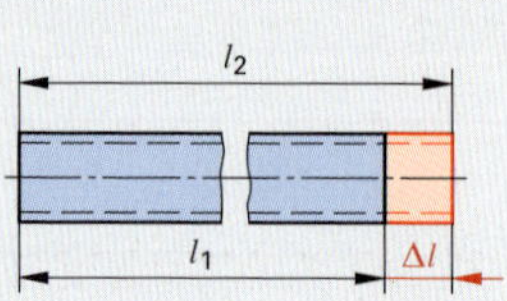

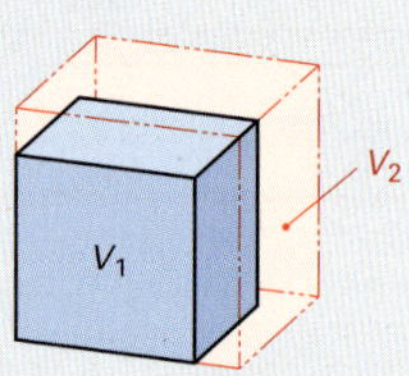

l_1 Anfangslänge

l_2 Endlänge

Δl Längenänderung

Θ_1 Anfangstemperatur

Θ_2 Endtemperatur

$\Delta\Theta$ Temperaturänderung

α_l Längenausdehnungskoeffizient

V_1 Anfangsvolumen

V_2 Endvolumen

ΔV Volumenänderung

α_v Volumenausdehnungskoeffizient

$$\Delta l = \alpha_l \cdot l_1 \cdot \Delta\Theta$$

$$l_2 = l_1 + \Delta l$$

Für feste Stoffe

$$\alpha_v \approx 3 \cdot \alpha_l$$

$$\Delta V = \alpha_v \cdot V_1 \cdot \Delta\Theta$$

$$V_2 = V_1 + \Delta V$$

Wärmetechnik

Längen- und Volumenänderung

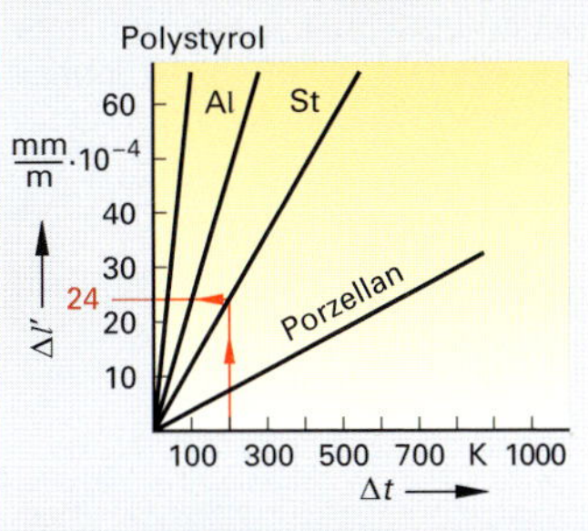

Die Längenänderung kann auch mithilfe von Tabellen errechnet werden.

Δt Temperaturänderung
$\Delta l'$ Längenänderung pro Meter
l_1 Anfangslänge

$$\Delta l = \Delta l' \cdot l_1$$

Kohle- und Gasverbrauch beim Schmieden

Verbrennungswärme

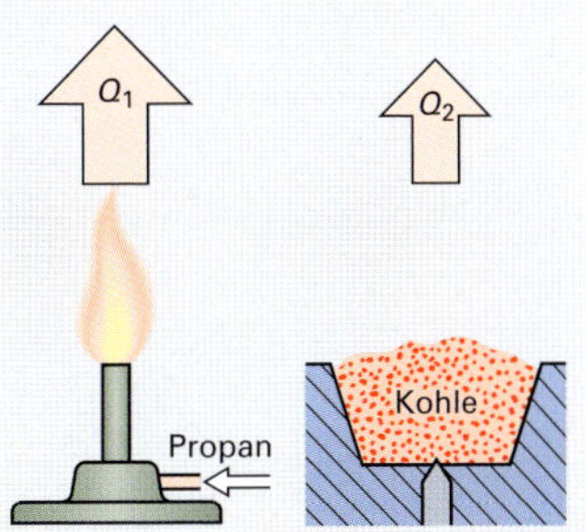

Q Verbrennungswärme
m Masse fester oder flüssiger Brennstoffe
H spezifischer Heizwert
V Volumen von Brenngasen

$$Q = H \cdot m$$

$$Q = H \cdot V$$

Wirkungsgrad

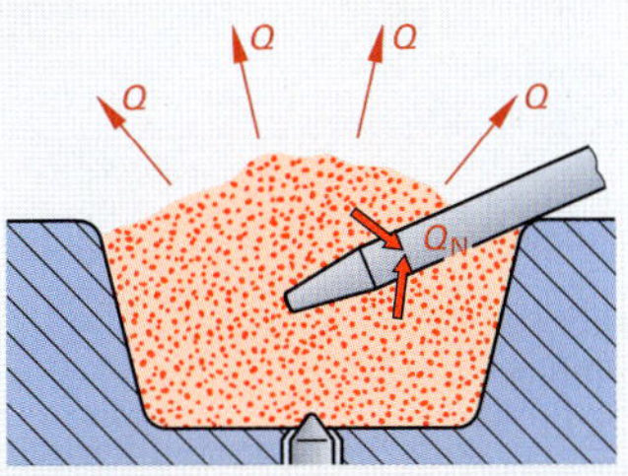

Das Verhältnis von ausgenutzter zu erzeugter Verbrennungswärme ist der Wirkungsgrad η der Wärmequelle.

Q erzeugte Verbrennungswärme
Q_N ausgenutzte Verbrennungswärme
η Wirkungsgrad

$$\eta = \frac{Q_N}{Q}$$

Heizwerte

Brennstoff	Heizwert H in MJ/kg	Brennstoff	Heizwert H in MJ/kg
Holz	16	Erdgas	36
Koks	30	Acetylen	57
Steinkohle	34	Propan	93
Heizöl	41	Butan	123
Spiritus	27	Gichtgas	3,5

Wirkungsgrade verschiedener Erwärmungseinrichtungen

Wärmequelle	Wirkungsgrad
Schmiedefeuer	0,06
Gasbeheizter Schmiedeofen	0,10
Brennstoffbeheizter Industrieofen	0,20
Induktionsofen	0,55

Wärmetechnik

Wärmestrom

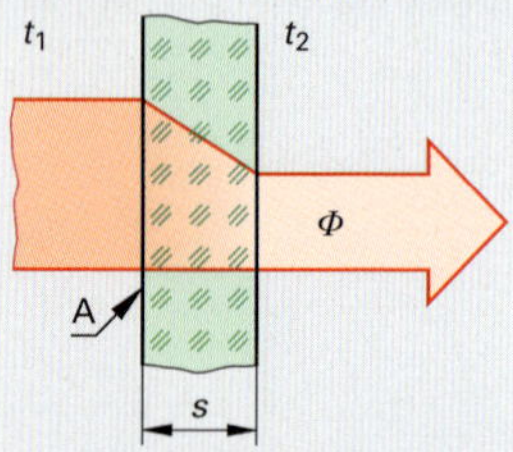

Zwischen Räumen mit unterschiedlichen Temperaturen tritt stets ein Wärmestrom auf. Die Richtung des Wärmestromes ist immer von der höheren zur niedrigeren Temperatur orientiert.

Φ Wärmestrom
A Fläche
U Wärmedurchgangskoeffizient
$\Delta\Theta$ Temperaturdifferenz

$$\Phi = U \cdot A \cdot \Delta\Theta$$

Wärmedurchlasswiderstand einschichtiger Bauelemente

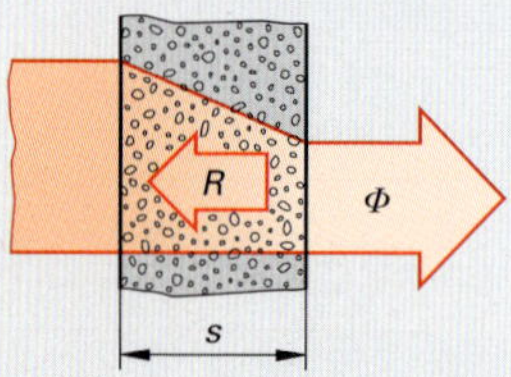

Die Wärmedämmung erfolgt durch einen inneren Widerstand, den ein Baustoff dem Wärmestrom entgegensetzt. Dieser Widerstand wird als Wärmedurchlasswiderstand bezeichnet.

R Wärmedurchlasswiderstand
d Bauelementdicke
δ Wärmeleitfähigkeit
Φ Wärmestrom

$$R = \frac{d}{\lambda}$$

Wärmeleitfähigkeit verschiedener Baustoffe

Baustoffe	Wärmeleitfähigkeit λ $\frac{W}{m \cdot K}$
Beton	
Normalbeton	2,10
Leichtbeton	0,70
Mauerwerk	
Vollklinker	0,81
Vollziegel, Lochziegel	0,50
Leichthochlochziegel, Typ W	0,30
Kalksand-Vollstein	0,99
Kalksand-Lochstein	0,70
Leichtbeton-Vollstein	0,54
Leichtbeton-Hohlblockstein	0,39
Gasbetonstein	0,29
Putze, Estriche	
Kalkputz	0,87
Zementputz	1,40
Kalkgipsputz	0,70
Gipsputz	0,35
Zementestrich	1,40
Gussasphaltestrich	0,90
Gipsbaustoffe	
Gipswandbauplatten	0,58
Gipskartonplatten	0,21

Baustoffe	Wärmeleitfähigkeit λ $\frac{W}{m \cdot K}$
Wärmedämmstoffe	
Polystyrolhartschaum	
Wärmeleitfähigkeitsgruppe	
030	0,030
035	0,035
040	0,040
Polyurethanhartschaum	
Wärmeleitfähigkeitsgruppe	
025	0,025
030	0,030
035	0,035
Mineralische und pflanzliche Faserdämmstoffe	
Wärmeleitfähigkeitsgruppe	
035	0,035
040	0,040
045	0,045
Sonstige	
Glas	0,80
Stahl	50,00
Aluminium-Leg.	160,00
Kupfer	380,00

Wärmetechnik

Wärmedurchlasswiderstand mehrschichtiger Bauelemente

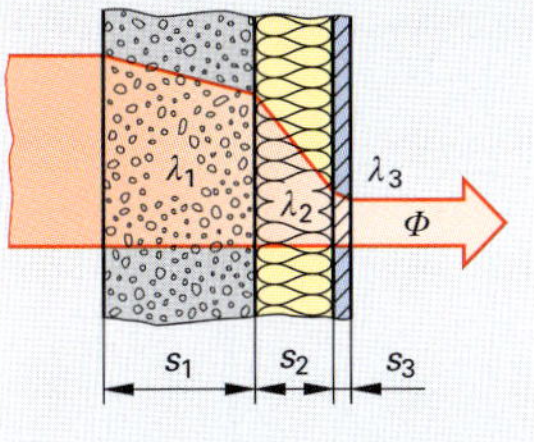

Bei mehrschichtigen Bauelementen, z. B. Fassaden, ergibt sich der gesamte Wärmedurchlasswiderstand aus der Summe der einzelnen Widerstände.

R	Gesamt-Wärmedurchlasswiderstand
$s_1, s_2, s_3, \ldots$	Bauelementdicke
$\lambda_1, \lambda_2, \lambda_3, \ldots$	Wärmeleitfähigkeit
Φ	Wärmestrom

$$R = \frac{s_1}{\lambda_1} + \frac{s_2}{\lambda_2} + \frac{s_3}{\lambda_3}$$

Wärmedurchgangswiderstand

Die auf ein Bauelement treffende Wärmemenge wird nicht sofort vollständig aufgenommen. Ebenso wird die an der Außenseite ankommende Wärmemenge nicht sofort an die Luft abgegeben. Es findet ein verzögerter Wärmeübergang statt.
Vereinfacht wird mit den Wärmeübergangswiderständen R_{si} = 0,13 m² · K/W und R_{se} = 0,04 m² · K/W gerechnet!

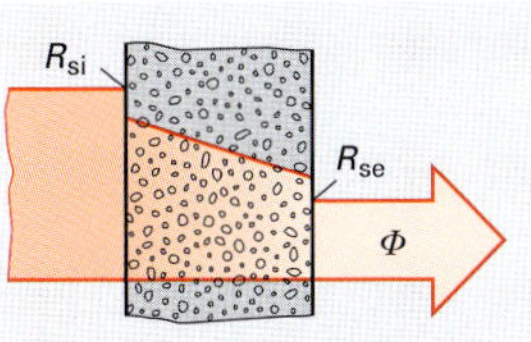

R_T	Wärmedurchgangswiderstand
R_{si}	innerer Wärmeübergangswiderstand
R_{se}	äußerer Wärmeübergangswiderstand
R	Gesamt-Wärmedurchlasswiderstand

$$R_T = R_{si} + R + R_{se}$$

Wärmedurchgangskoeffizient

Der Kehrwert des Wärmedurchgangswiderstandes ist der Wärmedurchgangskoeffizient U.

U	Wärmedurchgangskoeffizient
R_T	Wärrnedurchgangswiderstand

$$U = \frac{1}{R_T}$$

Wärmedurchgangskoeffizient für Fenster

Zur Bestimmung des Gesamt-Wärmedurchgangskoeffizienten von Fenstern müssen die einzelnen Problemzonen – Rahmen, Glas und Fuge zwischen Flügel und Blendrahmen – berücksichtigt werden. Die Werte für die Wärmedurchgangskoeffizienten für U_f Rahmen, U_g Glas und Ψ_f Fuge sind Tabellen der Hersteller zu entnehmen.

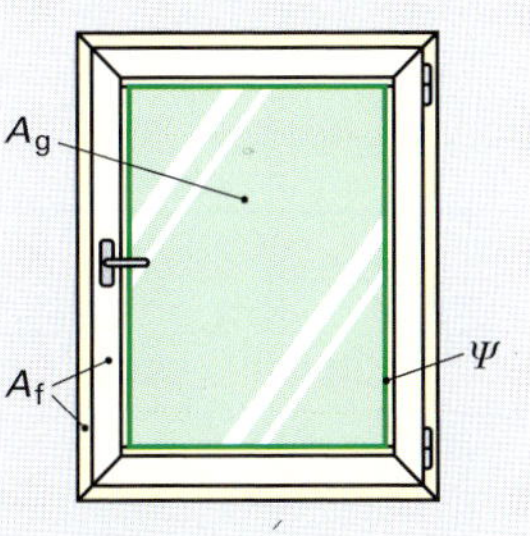

U_f, U_g, U_w	Wärmedurchgangskoeffizienten
A_f, A_g, A_w	Flächenanteile
L_g	Umfangslänge des Glasrahmens
Ψ_g	Längenbezogener Wärmedurchgangskoeffizient

$$U_w = \frac{A_f \cdot U_f + A_g \cdot U_g + l_g \cdot \Psi}{A_w}$$

Wärmetechnik

Rechenwerte der Wärmeübergangswiderstände R_{si} und R_{se}

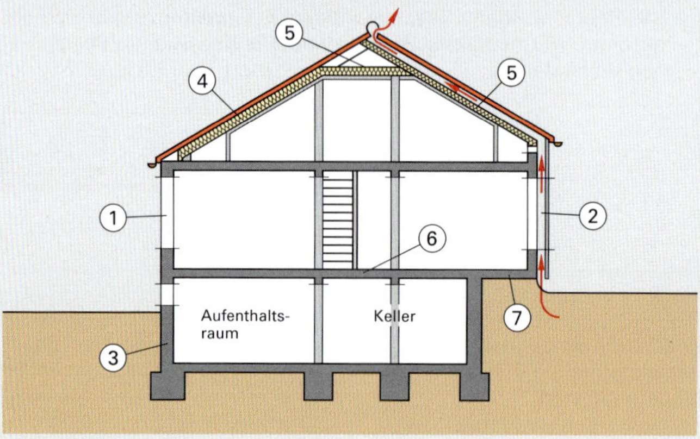

	R_{si} in $m^2 \cdot K/W$	R_{se} in $m^2 \cdot K/W$
Außenwand ohne hinterlüftete Außenhaut	0,13	0,04
Außenwand mit hinterlüfteter Außenhaut	0,13	0,08
Wand an das Erdreich grenzend	0,13	0
Decke oder Dachschräge, die Aufenthaltsräume nach oben gegen die Außenluft abgrenzen (nicht belüften)	0,13	0,04
Decke unter nicht ausgebautem Dachraum oder unter belüftetem Raum	0,13	0,08
Kellerdecke	0,17	0,17
Decke, die Aufenthaltsräume nach unten gegen die Außenluft abgrenzt	0,17	0,04

Mindestwerte der Wärmedurchlasswiderstände *R* und der Maximalwerte der Wärmedurchgangskoeffizienten *U* von Bauteilen

Bauelemente	Wärmedurchlasswiderstand *R* in $m^2 \cdot K/W$		Wärmedurchgangskoeffizient *U* in $W/m^2 \cdot K$	
	im Mittel	an der ungünstigsten Stelle (Wärmebrücke)	im Mittel	an der günstigsten Stelle (Wärmebrücke)
Außenwände ohne hinterlüftete Außenhaut	0,55		1,39	
Außenwände mit hinterlüfteter Außenhaut	0,55		1,32	
Wände, die an das Erdreich grenzen	0,55		1,39	
Decken, die Aufenthaltsräume nach oben gegen die Außenluft abgrenzen (z. B. Dächer und Decken unter Terrassen)	1,10	0,80	0,79	1,03
Decken unter nicht ausgebauten Dachräumen oder unter belüftetem Raum	0,90	0,45	0,90	1,52
Kellerdecken	0,90	0,45	0,81	1,27
Decken, die Aufenthaltsräume nach unten gegen die Außenluft abgrenzen (z. B. über Durchfahrten oder Garagen)	1,75	1,30	0,51	0,66

Wärmetechnik

Nachweisverfahren nach Wärmeschutzverordnung

Die Wärmeschutzverordnung (WSchVO '95) regelt die Berechnung des Heizwärmebedarfs in einem Energiebilanzverfahren. Dies ist sehr aufwendig, deshalb kann für Wohngebäude mit maximal zwei Geschossen und bis zu drei Wohneinheiten ein vereinfachtes Verfahren angewandt werden.

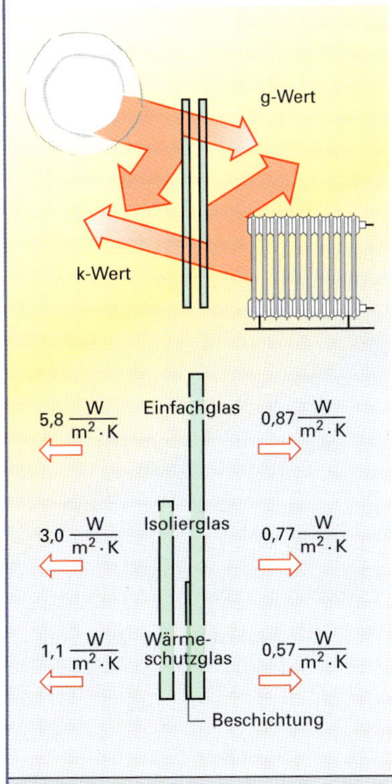

$U_{m,eq}$	mittlerer equivalenter U-Wert
U_{eq}	equivalenter U-Wert
U	U-Wert
A	Fläche
g	Energiedurchlassgrad
S	Strahlungsgewinn-Faktor

Index:

W	Fenster
D	Tür
AW	Wand
eq	equivalent

$$U_{m,eq,W} \leq U_{max,W}$$

$$U_{m,eq,W} = \frac{\Sigma\,(A \cdot U_{eq,W})}{A_{ges}}$$

$$U_{eq,W} = U_W - g \cdot S_W$$

$$\Sigma\,(A \cdot U_{eq,W}) = A_1 \cdot U_{eq,W1} + A_2 \cdot U_{eq,W2} + \ldots$$

Maximaler U-Wert

Bauelement	U_{max} in W/m² · K
Außenwände	0,40
Außenliegende Fenster, Fensterwände, Dachfenster	0,70
Decken unter nicht ausgebauten Dachräumen und Decken, die gegen die Außenluft abgrenzen	0,22
Kellerdecken, Wände und Decken gegen unbeheizte Räume und Wände gegen das Erdreich angrenzend	0,35

Strahlungs-Faktor S_w für Fenster

Himmelsrichtung	s_w
Süd	2,40
Nord	0,95
Ost, West	1,65

Energiedurchlassgrad für Fenster g_w

Verglasungsart	g_w in W/m² · K
Einfachverglasung	0,87
Doppelverglasung	0,77
Wärmeschutzglas	0,57

Schweißen

Nahtquerschnitt und Elektrodenverbrauch beim Lichtbogenschmelzschweißen

Die Anzahl der verbrauchten Elektroden wird durch Vergleich des Nahtvolumens mit dem nutzbaren Volumen der Elektroden ermittelt. Bei Verschweißen der Elektroden entsteht durch das Einspannen immer ein Stummelverlust.

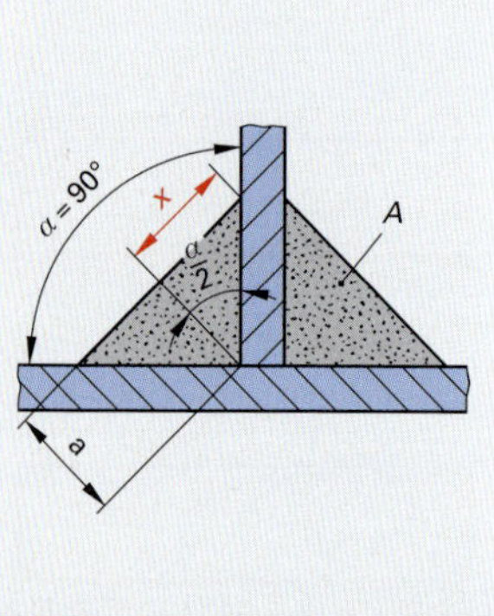

A Nahtquerschnitt
L Schweißnahtlänge
l Elektrodenlänge
l_E nutzbare Elektrodenlänge
V_S Volumen der Schweißnaht
V_E nutzbares Volumen einer Elektrode
z_s spez. Elektrodenverbrauch
Z Elektrodenbedarf
K_E Faktor für die Ausbringung
K_L Faktor für die Elektrodenlänge
K_W Faktor für den Öffnungswinkel

$$l_E = l - 30\text{ mm}$$

$$Z = \frac{V_S}{V_E}$$

$$Z = L \cdot z_s$$

$$V_s = A \cdot L$$

$$Z = K_E \cdot K_L \cdot K_W \cdot z_s \cdot L$$

Schweißzeitberechnung beim Lichtbogenhandschweißen

t_h Schweißzeit
m_s Nahtmasse je Lagenart
p Abschmelzleistung
L Nahtlänge
K_W Faktor für den Öffnungswinkel
K_p Faktor für die Schweißposition

$$t_h = K_W \cdot K_p \cdot \frac{m_S}{p} \cdot L$$

Verbrauch technischer Gase

V Volumen der Gasflasche
ΔV Gasverbrauch, Acetylenverbrauch
p_1 Flaschendruck vor dem Schweißen
p_2 Flaschendruck nach dem Schweißen
p_{amb} Luftdruck
$p_{amb} = 1$ bar
K Umrechnungszahl
m verbrauchte Gasmasse
m_1 Gasmasse vor dem Schweißen
m_2 Gasmasse nach dem Schweißen

Sauerstoff und Schutzgas

$$\Delta V = \frac{V \cdot (p_1 - p_2)}{p_{amb}}$$

Acetylen

$$\Delta V = K \cdot m$$

$$m = m_1 - m_2$$

$$K = 910\ \frac{l}{\text{kg}}$$

Schweißzeitberechnungen, Schmelzschweißen und Gasverbrauch

t Schweißzeit
L Schweißnahtlänge
t_1 Schweißzeit/m
V_s spez. Gasverbrauch
ΔV Gasverbrauch

$$t = L \cdot t_1$$

$$\Delta V = t \cdot V_s$$

Beanspruchungen

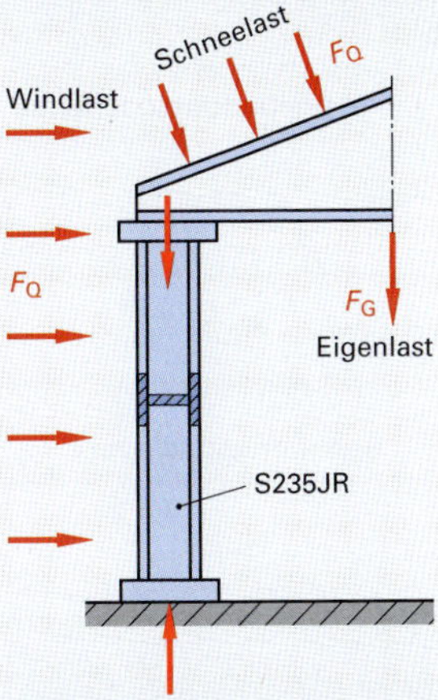

$F_{G,d}$ Bemessungswert der Kraft bei ständigen Einwirkungen

$F_{Q,d}$ Bemessungswert der Kraft bei veränderlichen Einwirkungen

$F_{S,d}$ Bemessungswert der Kraft

F_k charakteristische Kraft

$\sigma_{S,d}$ Bemessungswert der Spannung

A Querschnittsfläche

γ_F Teilsicherheilsbeiwert für Einwirkungen

ψ Kombinationsbeiwert

$$F_{G,d} = \gamma_F \cdot \psi \cdot F_k$$

$$F_{Q,d} = \gamma_F \cdot \psi \cdot F_k$$

$$F_{S,d} = F_{G,d} + F_{Q,d}$$

$$\sigma_{S,d} = \frac{F_{S,d}}{A}$$

Beanspruchbarkeit

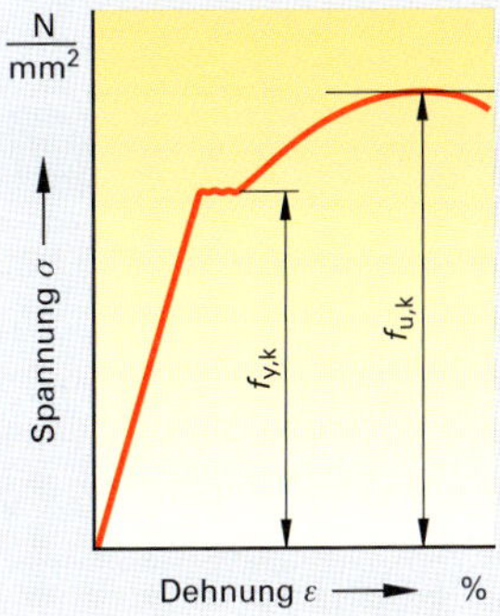

$F_{R,d}$ Grenzwert der Kraft

$\sigma_{R,d}$ Grenzwert der Spannung

A Querschnittsfläche

γ_M Teilsicherheitsbeiwert des Widerstandes

$f_{y,k}$ Streckgrenze

$f_{u,k}$ Zugfestigkeit

$$F_{R,d} = \sigma_{R,d} \cdot A$$

$$\sigma_{R,d} = \frac{f_{y,k}}{\gamma_M}$$

Charakteristische Werte

Werkstoff	Erzeugnisdicke t in mm	Streckgrenze $f_{y,k}$ in N/mm²	Zugfestigkeit $f_{u,k}$ in N/mm²
S235JR	$t \leq 40$ $40 < t \leq 80$	240 215	360
S355JO	$t \leq 40$ $40 < t \leq 80$	360 325	510
S355N	$t \leq 40$ $40 < t \leq 80$	360 325	510

Teilsicherheitsbeiwerte für

Einwirkungen γ_F		Widerstand γ_M
ständige Einwirkungen	1,35	1,1
veränderliche Einwirkungen	1,5	

Kombinationsbeiwert ψ

Einwirkungen	ψ
Ständige Einwirkungen	1,0
Nur eine veränderliche Einwirkung	1,0
Mehr als eine veränderliche Einwirkung	0,9

Sicherheitsnachweis

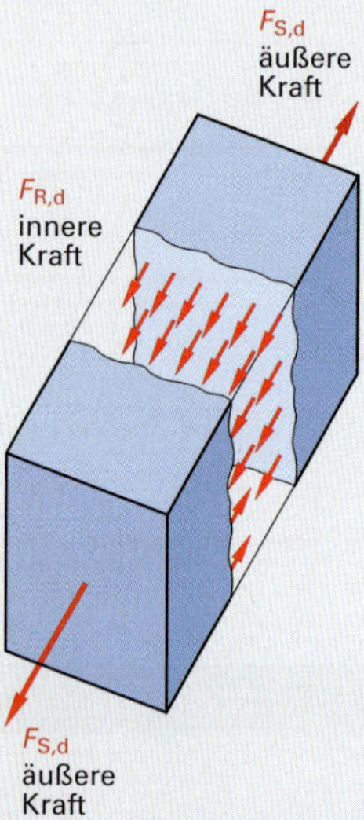

S_d	Beanspruchungen
R_d	Beanspruchbarkeiten
$F_{S,d}$	Bemessungswert der Kraft
$F_{R,d}$	Grenzwert der Kraft
$\sigma_{S,d}$	Bemessungswert der Spannung
$\sigma_{R,d}$	Grenzwert der Spannung
A	Querschnittsfläche
γ_M	Teilsicherheitsbeiwert des Widerstandes
$f_{y,k}$	Streckgrenze

Tragsicherheitsnachweis

$$S_d \leq R_d$$

$$F_{S,d} \leq F_{R,d}$$

Spannungsnachweis

$$\sigma_{S,d} = \frac{F_{S,d}}{A}$$

$$\sigma_{R,d} = \frac{f_{y,k}}{\gamma_M}$$

$$\sigma_{S,d} \leq \sigma_{R,d}$$

Knickfestigkeit

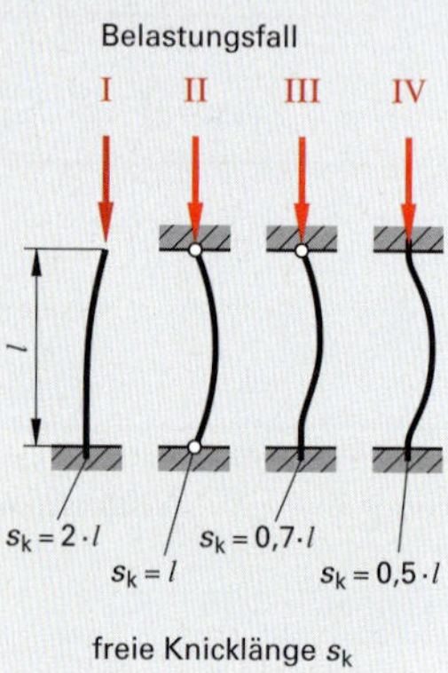

Bezugsschlankheitsgrad λ_a	
Material	λ_a
S235JR	92,9
S355JO	75,9

$F_{N,d}$	Bemessungswert der Kraft
$F_{pl,d}$	Grenzkraft im plastischen Zustand
A	Querschnittsfläche
l	Systemlänge
s_k	freie Knicklänge
β_k	Knicklängenbeiwert
i_{min}	kleinster Trägheitsradius
$\varkappa$	Abminderungsfaktor
γ_M	Teilsicherheitsbeiwert für Widerstand
$f_{y,k}$	Streckgrenze
λ_k	Schlankheitsgrad
λ_a	Bezugsschlankheitsgrad
$\bar{\lambda}_k$	bezogener Schlankheitsgrad

$$s_k = \beta_k \cdot l$$

$$\lambda_k = \frac{s_k}{i_{min}}$$

$$\bar{\lambda}_k = \frac{\lambda_k}{\lambda_a}$$

$$F_{pl,d} = A \cdot \frac{f_{y,k}}{\gamma_M}$$

$$F_{N,d} \leq \varkappa \cdot F_{pl,d}$$

Beanspruchung auf Knickung (nach Euler)

Belastungsfall und freie Knicklänge (nach Euler)

Belastungsfall

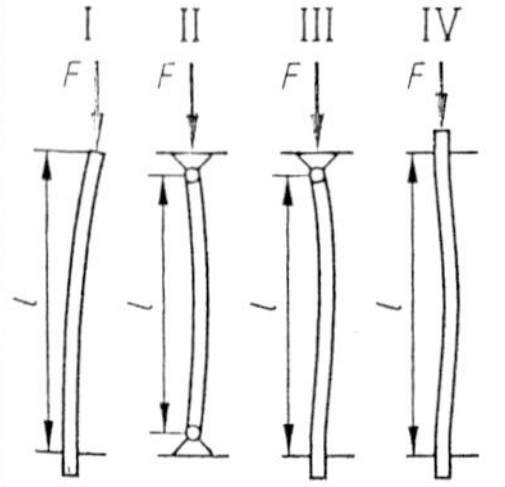

freie Knicklänge

$l_k = 2 \cdot l$ $l_k = l$ $l_k = 0{,}7 \cdot l$ $l_k = 0{,}5 \cdot l$

$F_{k\,zul}$	zulässige Knickkraft	E	Elastizitätsmodul
l	Länge	I	Flächenmoment 2. Grades
l_k	freie Knicklänge		
ν	Sicherheitszahl		

Beispiel:

Träger IPB200, l = 3,5 m; beidseitig eingespannt; ν = 12; $F_{k\,zul}$ = ?

$$F_{k\,zul} = \frac{\pi^2 \cdot E \cdot I}{l_k^2 \cdot \nu} = \frac{\pi^2 \cdot 21 \cdot 10^6 \,\frac{\mathrm{N}}{\mathrm{cm}^2} \cdot 2000\ \mathrm{cm}^4}{(0{,}5 \cdot 350\ \mathrm{cm})^2 \cdot 12}$$

$$= 1{,}13 \cdot 10^6\ \mathrm{N} = \mathbf{1{,}13\ MN}$$

Flächenmomente 2. Grades Seiten 46 und 141...146. Für den Stahlhochbau sind nach DIN 18800 und DIN 4114 besondere Berechnungsverfahren vorgeschrieben.

zulässige Knickkraft

$$F_{k\,zul} = \frac{\pi^2 \cdot E \cdot I}{l_k^2 \cdot \nu}$$

Die Formel gilt nur für schlanke Bauteile und innerhalb des elastischen Bereichs der Werkstoffe.

Flächenmomente, Widerstandsmomente

Form des Querschnitts	Biegung und Knickung: Flächenmoment 2. Grades I	Biegung und Knickung: axiales Widerstandsmoment W
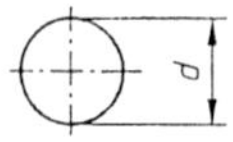	$I = \frac{\pi \cdot d^4}{64}$	$W = \frac{\pi \cdot d^3}{32}$
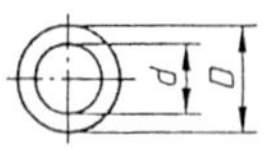	$I = \frac{\pi \cdot (D^4 - d^4)}{64}$	$W = \frac{\pi \cdot (D^4 - d^4)}{32 \cdot D}$
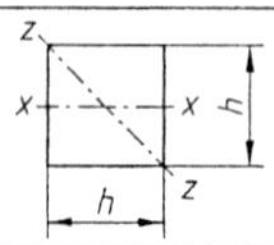	$I_x = I_z = \frac{h^4}{12}$	$W_x = \frac{h^3}{6}$; $W_z = \frac{\sqrt{2} \cdot h^3}{12}$
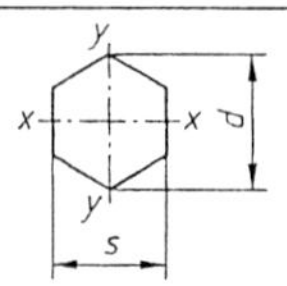	$I_x = I_y = \frac{5 \cdot \sqrt{3} \cdot s^4}{144}$; $I_x = I_y = \frac{5 \cdot \sqrt{3} \cdot d^4}{256}$	$W_x = \frac{5 \cdot s^3}{48} = \frac{5 \cdot \sqrt{3} \cdot d^3}{128}$; $W_y = \frac{5 \cdot s^3}{24 \cdot \sqrt{3}} = \frac{5 \cdot d^3}{64}$
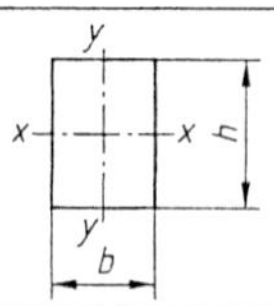	$I_x = \frac{b \cdot h^3}{12}$; $I_y = \frac{h \cdot b^3}{12}$	$W_x = \frac{b \cdot h^2}{6}$; $W_y = \frac{h \cdot b^2}{6}$
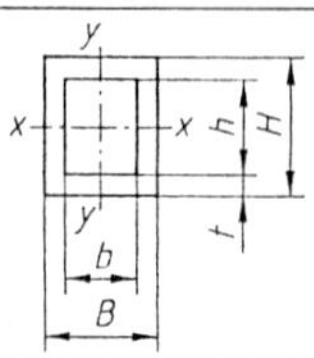	$I_x = \frac{B \cdot H^3 - b \cdot h^3}{12}$; $I_y = \frac{H \cdot B^3 - h \cdot b^3}{12}$	$W_x = \frac{B \cdot H^3 - b \cdot h^3}{6 \cdot H}$; $W_y = \frac{H \cdot B^3 - h \cdot b^3}{6 \cdot B}$

Elastizitäts- und Schubmodul

Werkstoff	Elastizitätsmodul (N/mm²)	Schubmodul (N/mm²)
Aluminium	72 000	27 000
α-Eisen	215 000	84 000
Kupfer	125 000	46 000
Nickel	210 000	80 000
Zink	100 000	40 000
Zinn	56 000	21 000
St; GS	210 000	210 000
EN-GJL 180	100 000	40 000
EN-GJL 220	120 000	49 000
EN-GJL 300	120 000	60 000
EN-GJMW-350-4	170 000	68 000
CuNi18	142 000	55 000
CuSn10	117 000	45 000
CuZn40	110 000	42 000
EN AW-Al Cu 4 MgSi	74 000	28 000

K. Held

Knickfestigkeit

Biegeknicknachweis

1. Schritt: Ermittlung der freien Knicklänge s_k

2. Schritt: Berechnung des Schlankheitsgrades λ_k

3. Schritt: Berechnung des bezogenen Schlankheitsgrades $\overline{\lambda_k}$

4. Schritt: Zuordnung des Querschnitts zu einer Knickspannungslinie a, b oder c

5. Schritt: Bestimmen des Abminderungsfaktors κ in Abhängigkeit vom bezogenen Schlankheitsgrad und der Knickspannungslinie

6. Schritt: Berechnung der Grenzkraft $F_{pl,d}$ im plastischen Zustand

7. Schritt: Nachweis der Biegeknicksicherheit

Zuordnung der Querschnitte zu den Knickspannungslinien

Querschnitte	Ausweichen zur Achse	Knickspannungslinie
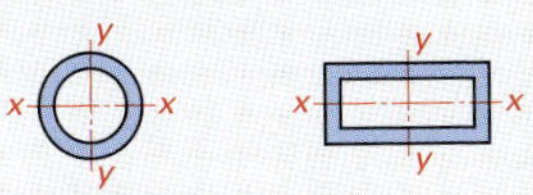	x – x y – y	a
Gewalzte I-Träger h/b < 1, 2; t ≤ 40 mm h/b > 1, 2; 40 ≤ t ≤ 80 mm h/b ≤ 1, 2; t ≤ 80 mm	x – x y – y x – x y – y	a b b c
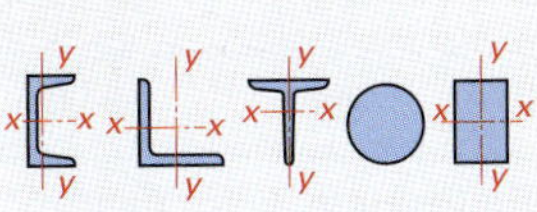	x – x y – y	c

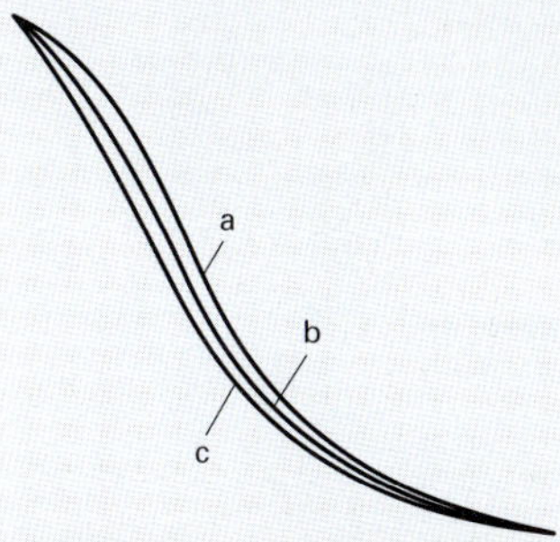

Bezogener Schlankheitsgrad $\overline{\lambda_k}$

$\overline{\lambda_k}$	Abminderungsfaktor κ für Knickspannungslinie a	b	c
0,2	1,000	1,000	1,000
0,3	0,978	0,964	0,949
0,4	0,953	0,926	0,897
0,5	0,924	0,884	0,843
0,6	0,890	0,837	0,785
0,7	0,848	0,784	0,725
0,8	0,796	0,724	0,662
0,9	0,734	0,661	0,600
1,0	0,666	0,597	0,540
1,1	0,596	0,535	0,484
1,2	0,530	0,478	0,434
1,3	0,470	0,427	0,389
1,4	0,418	0,382	0,349
1,5	0,372	0,342	0,315
1,6	0,333	0,308	0,284
1,7	0,299	0,278	0,258
1,8	0,270	0,252	0,235
1,9	0,245	0,229	0,214
2,0	0,223	0,209	0,196
2,1	0,204	0,192	0,180
2,2	0,187	0,176	0,166
2,3	0,172	0,163	0,154
2,4	0,159	0,151	0,142
2,5	0,147	0,140	0,132
2,6	0,136	0,130	0,123
2,7	0,127	0,121	0,115
2,8	0,118	0,113	0,108
2,9	0,111	0,106	0,101
3,0	0,104	0,099	0,095

Festigkeit von Schweißverbindungen

Stumpfnaht
$A = t \cdot l$

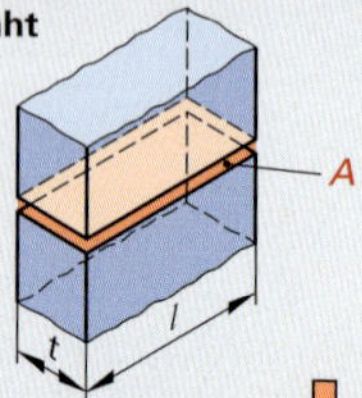

Kehlnaht
$A = a \cdot l$

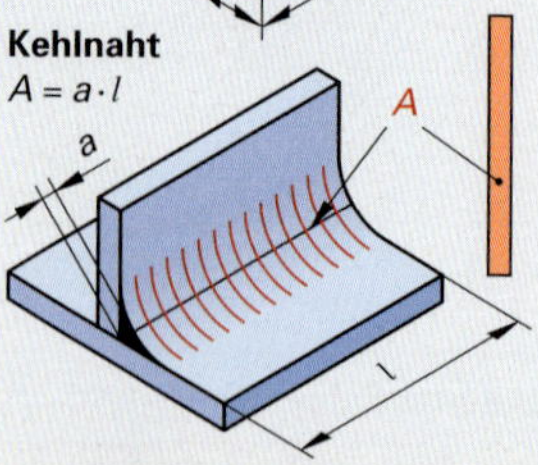

$F_{S,d}$ Bemessungswert der Kraft
$F_{w,R,d}$ Grenzwert der Kraft
A_w Spannungsquerschnitt
L Schweißnahtlänge
l tragende Schweißnahtlänge
a Nahtdicke
t Blechdicke
$f_{y,k}$ Streckgrenze
$\sigma_{w,S,d}$ Schweißzugspannung
$\sigma_{w,R,d}$ Grenzschweißzugspannung
$\tau_{w,S,d}$ Schweißscherspannung
$\tau_{w,R,d}$ Grenzscherspannung
α_w Wert für Grenzschweißspannungen
γ_M Teilsicherheitsbeiwert für den Widerstand

$$\sigma_{w,S,d} = \frac{F_{S,d}}{A_w}$$

$$\tau_{w,S,d} = \frac{F_{S,d}}{A_w}$$

$$\sigma_{w,R,d} = \alpha_w \frac{f_{y,k}}{\gamma_M}$$

$$F_{w,R,d} = \sigma_{w,R,d} = A_w$$

$$A_w = a \cdot l \qquad A_w = t \cdot l$$

$$l = L - 2 \cdot a$$

$$F_{S,d} \leq F_{w,R,d}$$

$$\sigma_{w,S,d} \leq \sigma_{w,R,d}$$

Grenzschweißspannungen α_w

Beanspruchung	Werkstoff	α_w
Zug, Druck Schub bei Kehlnähten	S235JR S355JO	0,95 0,80
Zug bei Stumpf-Kehlnähten	S235JR	0,50

Festigkeit von Schraubenverbindungen

Zugbeanspruchung

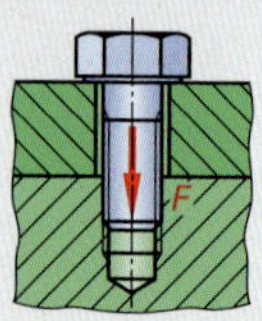

F Kraft, Zugkraft, Scherkraft
$F_{S,d}$ Bemessungswert der Kraft
$F_{R,d}$ Grenzwert der Kraft

$$F_{S,d} \leq F_{R,d}$$

Grenzwert der Kraft $F_{R,d}$ in kN

Verbindung[1]	Festigkeitsklasse	Nenndurchmesser M 12	M 16	M 20	M 24	M 36
SL	4.6	22,43	39,88	62,31	89,73	201,9
SL	5.6	28,04	49,85	77,89	112,2	252,4
SLV, GV	8.8	49,03	91,15	142,4	205,1	475,4
SLV, GV	10.9	61,28	113,9	178,0	256,4	594,0

[1] SL Scher-Lochleibung; SLP Scher-Lochleibung mit Passschrauben; GV Gleitfeste Verbindung

Festigkeit von Schraubenverbindungen

Festigkeitsklasse

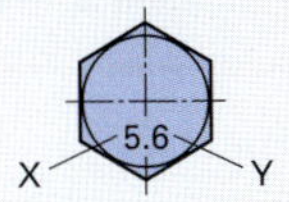

$f_{u,b,k}$ Zugfestigkeit des Schraubenwerkstoffes

$f_{y,b,k}$ Streckgrenze des Schraubenwerkstoffes

$$f_{u,b,k} = X \cdot 100$$

$$f_{y,b,k} = X \cdot Y \cdot 10$$

Beanspruchung auf Abscherung

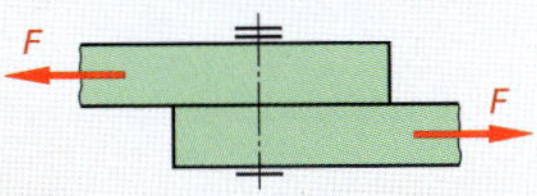

$F_{S,d}$ Bemessungswert der Kraft

$F_{a,R,d}$ Grenzwert der Abscherkraft

F_a Konstante der Abscherung

m Anzahl der Scherfugen

n Anzahl der Schrauben

$$F_{a,R,d} = n \cdot m \cdot F_a$$

$$F_{S,d} \leq F_{a,R,d}$$

Konstante der Abscherung F_a in kN pro Schraube bei einschnittiger Verbindung

Verbindung[1]	Festigkeitsklasse	Schraubengröße M 12	M 16	M 20	M 24	M 36
SLP	5.6	36,20	61,90	94,46	133,9	293,2
SLP, GVP	8.8	57,92	99,05	151,1	214,2	469,2
SLP, GVP	10.9	66,37	113,5	173,2	245,4	537,6

[1] SLP Scher-Lochleibverbindung mit Passschrauben, GVP Gleitfeste Verbindung mit Passschrauben

Beanspruchung auf Lochleibung

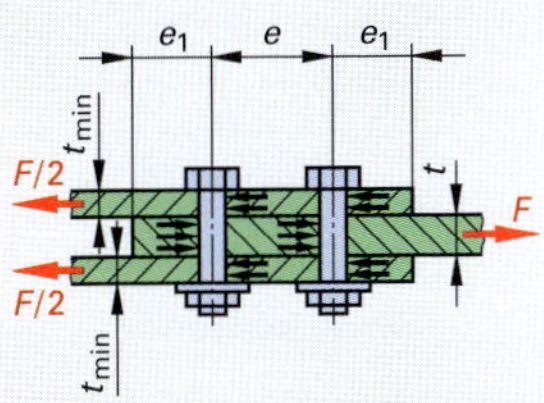

$F_{S,d}$ Bemessungswert der Kraft

F_l Konstante der Lochleibung

$F_{l,R,d}$ Grenzwert der Lochleibungskraft

t_{min} Materialstärke

n Anzahl der Schrauben

$$F_{l,R,d} = n \cdot t_{min} \cdot F_l$$

$$F_{S,d} \leq F_{l,R,d}$$

Konstante der Lochleibung F_l in kN/cm je 1 cm Bauelementdicke; Schraubenabstand $e/d_L \geq 2{,}5$; Schraubenrandabstand $e_1/d_L \geq 2{,}0$

Verbindung[1]	Bauelement Werkstoff	Lochdurchmesser für Passschrauben, Niete, Bolzen 13 / Schraubengröße M 12	17 / M 16	21 / M 20	25 / M 24	37 / M 36
SL, SLV, GV	S235JR	49,75	66,33	82,91	99,49	149,2
SLP, SLVP, GVP	S235JR	53,87	70,47	87,05	103,6	153,4
SL, SLV, GV	S355J0	74,62	99,49	124,4	149,2	223,9
SLP, SLVP, GVP	S355J0	80,84	105,7	130,6	155,5	230,1

[1] SL Scher-Lochleibung; SLV Vorgespannte Scher-Lochleibung, SLP Scher-Lochleibung mit Passschrauben; SLVP Vorgespannte Scher-Lochleibung mit Passschrauben; GV Gleitfeste Verbindung; GVP Gleitfeste Verbindung mit Passschrauben

Beanspruchung auf Zug

Allgemeine Bauteile

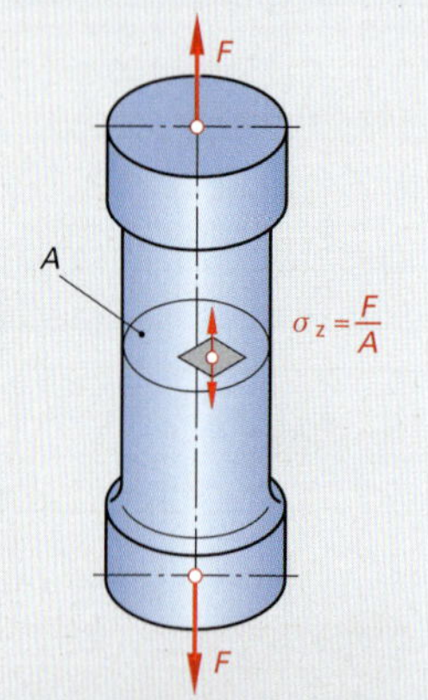

σ_z	Zugspannung
$\sigma_{z\,zul}$	zulässige Zugspannung
R_m	Zugfestigkeit
R_e	Streckgrenze
F	Zugkraft
A	Querschnittsfläche
ν	Sicherheitszahl
ε	Dehnung
L_0	Anfangslänge
L	Messlänge (nach Versuch)

$$\sigma_z = \frac{F}{A}$$

Für Stahl

$$\sigma_{z\,zul} = \frac{R_e}{\nu}$$

Für Gusseisen

$$\sigma_{z\,zul} = \frac{R_m}{\nu}$$

$$\varepsilon = \frac{L - L_0}{L_0} \cdot 100\,\%$$

Beanspruchung auf Druck

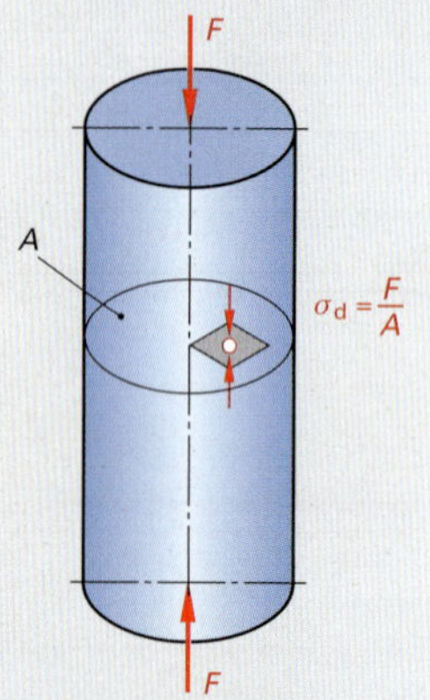

F	Druckkraft
A	Querschnittsfläche
R_m	Zugfestigkeit
R_e	Streckgrenze
σ_d	Druckspannung
$\sigma_{d\,zul}$	zulässige Druckspannung
σ_{dB}	Druckfestigkeit
σ_{dF}	Quetschgrenze
ν	Sicherheitszahl

$$\sigma_d = \frac{F}{A}$$

$$\sigma_{d\,zul} = \frac{\sigma_{dB}}{\nu}$$

Für Stahl

$$\sigma_{d\,zul} = \frac{\sigma_{dF}}{\nu}$$

$$\sigma_{d\,zul} = \frac{R_e}{\nu}$$

Für Gusseisen

$$\sigma_{d\,zul} \approx \frac{4 \cdot R_m}{\nu}$$

Beanspruchung auf Flächenpressung

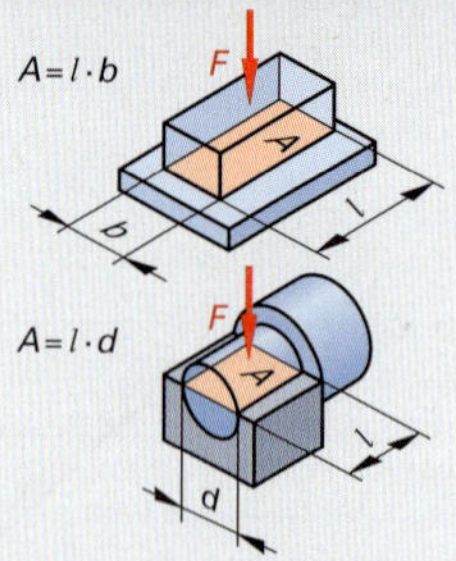

F	Kraft
A	Berührungsfläche (projizierte Fläche)
p	Flächenpressung, Lochleibungsdruck

$$p = \frac{F}{A}$$

$$F = p \cdot A$$

Beanspruchung auf Schub (Scherung)

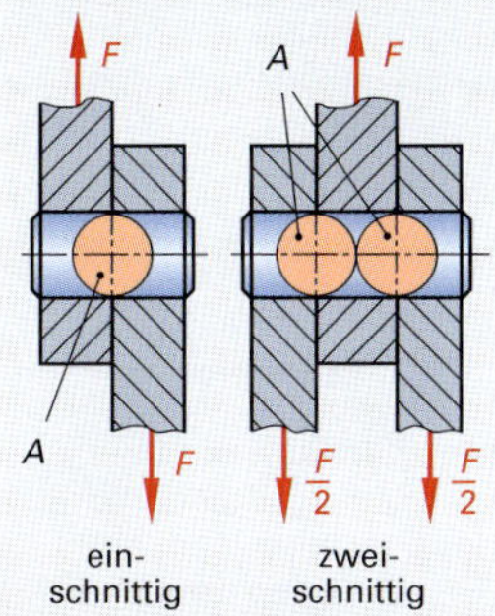

τ_a	Scherspannung
$\tau_{a\,zul}$	zulässige Scherspannung
τ_{aB}	Scherfestigkeit
F	Scherkraft
A	Scherfläche
ν	Sicherheitszahl
R_m	Zugfestigkeit
R_e	Streckgrenze

$$\tau_a = \frac{F}{A}$$

Scherschneiden

$$\tau_{a\,zul} = \frac{\tau_{aB}}{\nu}$$

$$\tau_{aB} \approx 0{,}8 \cdot R_m$$

Abscheren

$$\tau_{a\,zul} = \frac{R_e}{\nu}$$

Festigkeit von Schweißverbindungen

Stumpfnaht

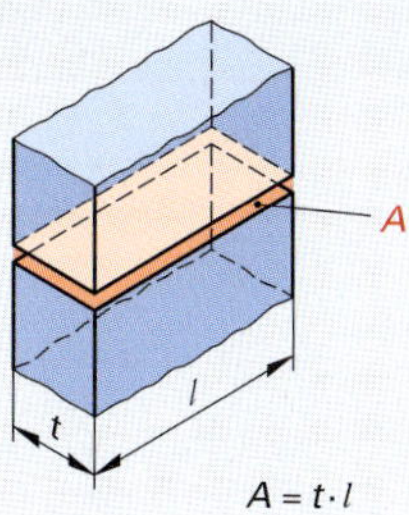

Kehlnaht

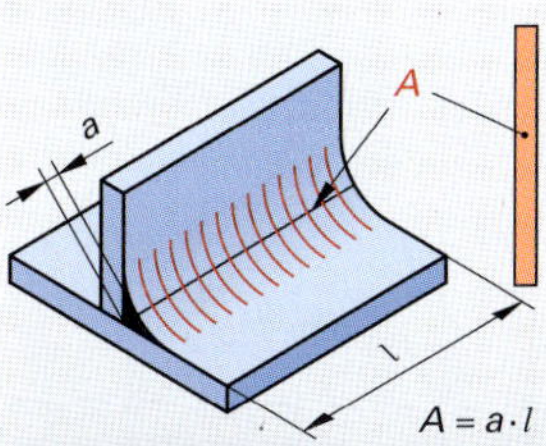

F	Kraft
A	Spannungsquerschnitt
L	Schweißnahtlänge
l	tragende Schweißnahtlänge
a	Nahtdicke
t	Blechdicke
σ_w	Spannung
τ_w	Scherspannung

$$\sigma_w = \frac{F}{A}$$

$$\tau_w = \frac{F}{A}$$

$$A = t \cdot l = a \cdot l$$

$$l = L - 2 \cdot a$$

Schneiden von Werkstoffen

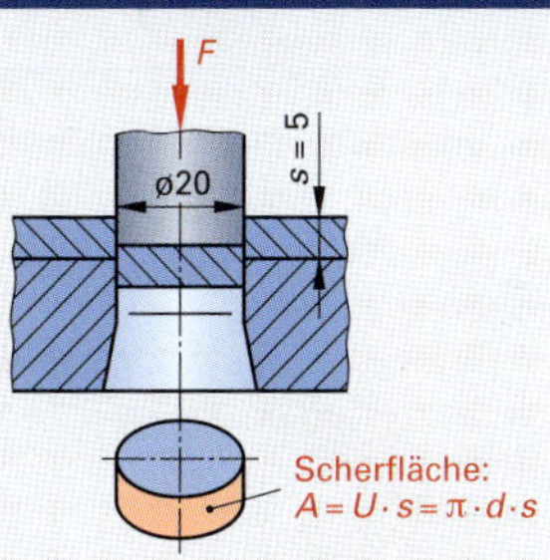

F	Schneidkraft
A	Schnittfläche
$R_{m\,max}$	maximale Zugfestigkeit
$\tau_{aB\,max}$	maximale Scherfestigkeit

$$F = A \cdot \tau_{aB\,max}$$

Für Stahl

$$\tau_{aB\,max} = 0{,}8 \cdot R_{m\,max}$$

Beanspruchung auf Biegung

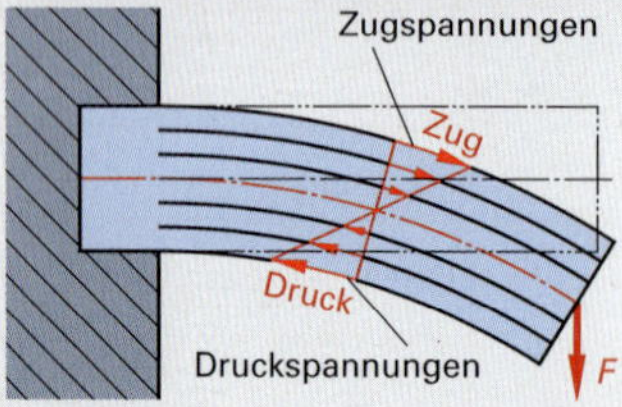

Bei Beanspruchung auf Biegung treten im Bauteil im oberen Bereich Zugspannungen und im unteren Bereich Druckspannungen auf.

σ_b Biegespannung
M_b Biegemoment
W axiales Widerstandsmoment
F Kraft
l wirksame Hebellänge

$$\sigma_b = \frac{M_b}{W}$$

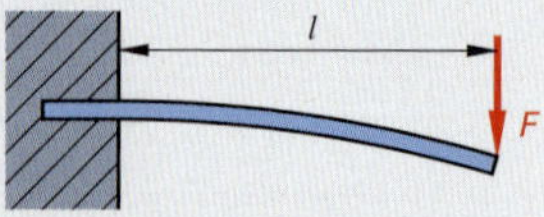

Träger mit Einzellast belastet einseitig eingespannt

$$M_b = F \cdot l$$

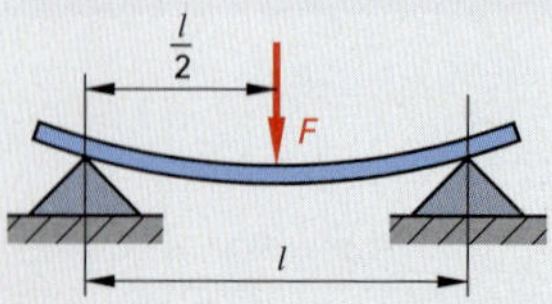

Träger mit Einzellast belastet auf zwei Stützen frei aufliegend

$$M_b = \frac{F \cdot l}{4}$$

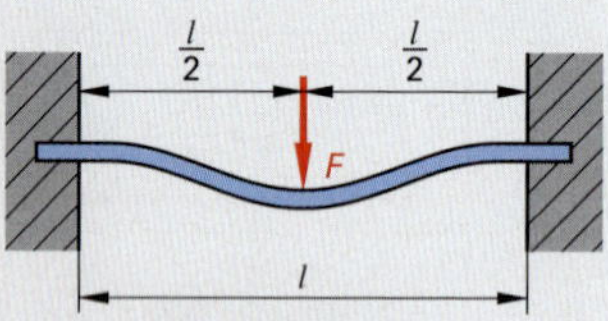

Träger mit Einzellast belastet doppelseitig eingespannt

$$M_b = \frac{F \cdot l}{8}$$

Axiale Widerstandsmomente *W* verschiedener Querschnitte

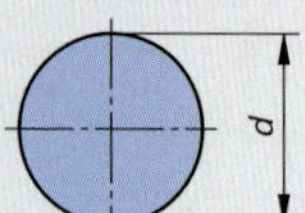	$W = \frac{\pi \cdot d^3}{32}$	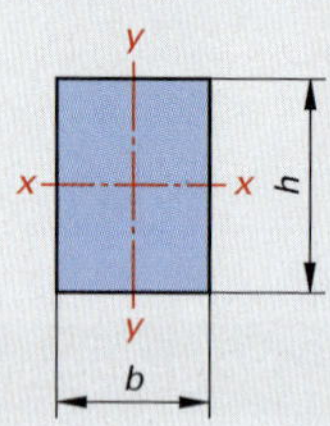	$W_x = \frac{b \cdot h^2}{6}$ $W_y = \frac{h \cdot b^2}{6}$
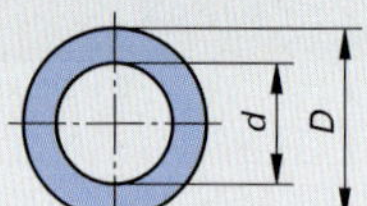	$W = \frac{\pi \cdot (D^4 - d^4)}{32 \cdot D}$		
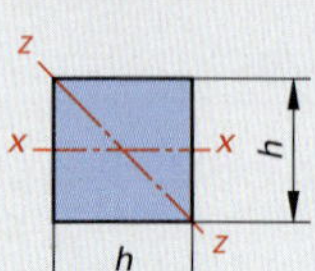	$W_x = \frac{h^3}{6}$ $W_z = \frac{\sqrt{2} \cdot h^3}{12}$	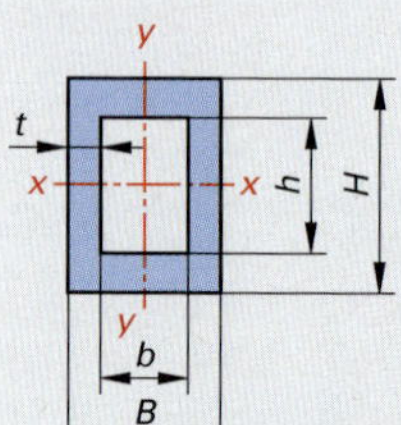	$W_x = \frac{B \cdot H^3 - b \cdot h^3}{6 \cdot H}$ $W_y = \frac{H \cdot B^3 - h \cdot b^3}{6 \cdot B}$

Zahnradmaße für außenverzahnte Stirnräder mit Geradverzahnung

m Modul
p Teilung
d Teilkreisdurchmesser
d_a Kopfkreisdurchmesser
d_f Fußkreisdurchmesser
z Zähnezahl
h Zahnhöhe
h_a Zahnkopfhöhe
h_f Zahnfußhöhe
c Kopfspiel
a Achsabstand

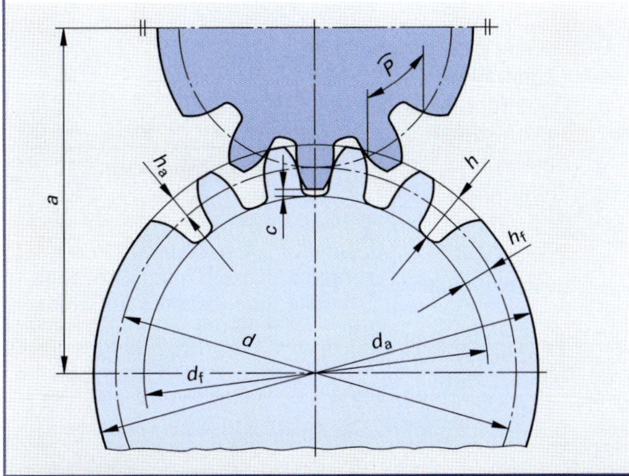

$$m = \frac{p}{\pi} = \frac{d}{z}$$

$$p = \pi \cdot m$$

$$z = \frac{d}{m} = \frac{d_a - 2 \cdot m}{m}$$

$$d = m \cdot z$$

$$d_a = d + 2 \cdot m$$
$$d_a = m \cdot (z + 2)$$

$c = 0{,}1 \cdot m$ bis $0{,}3 \cdot m$
häufig $c = 0{,}167 \cdot m$

$$d_f = d - 2 \cdot (m + c)$$

$$h = 2 \cdot (m + c)$$

$$h_f = m + c$$

$$h_a = m$$

Achsabstand

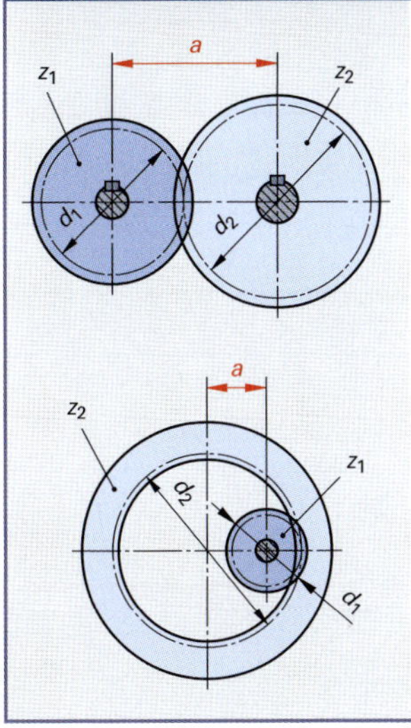

a Achsabstand
m Modul
d_1 Teilkreisdurchmesser, z_1 Zähnezahl – des treibenden Rades
d_2 Teilkreisdurchmesser, z_2 Zähnezahl – des getriebenen Rades

Achsabstand mit *außenliegendem* Gegenrad

$$a = \frac{d_1 + d_2}{2} = \frac{m\,(z_1 + z_2)}{2}$$

Achsabstand mit *innenliegendem* Gegenrad

$$a = \frac{d_2 - d_1}{2} = \frac{m\,(z_2 - z_1)}{2}$$

Einfache Übersetzungen

Flachriementrieb, Zahnradtrieb

Flachriementrieb

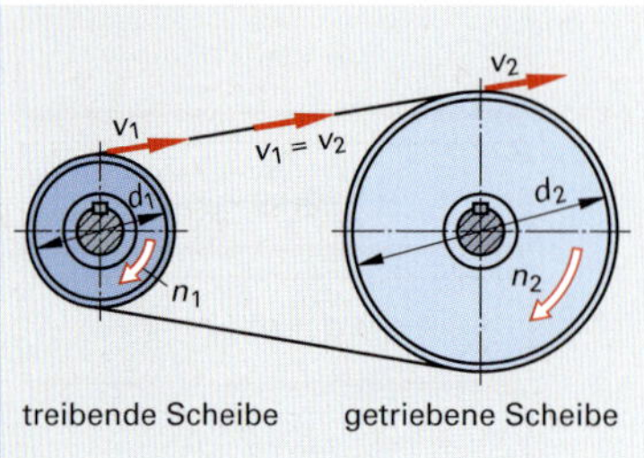

i Übersetzungsverhältnis
v Umfangsgeschwindigkeit

$$v = v_1 = v_2$$

Treibende Riemenscheiben oder Zahnräder

d_1 Durchmesser, Teilkreisdurchmesser
z_1 Zähnezahl
n_1 Drehzahl
v_1 Umfangsgeschwindigkeit

$$i = \frac{n_1}{n_2} = \frac{d_2}{d_1} = \frac{z_2}{z_1}$$

Zahnradtrieb

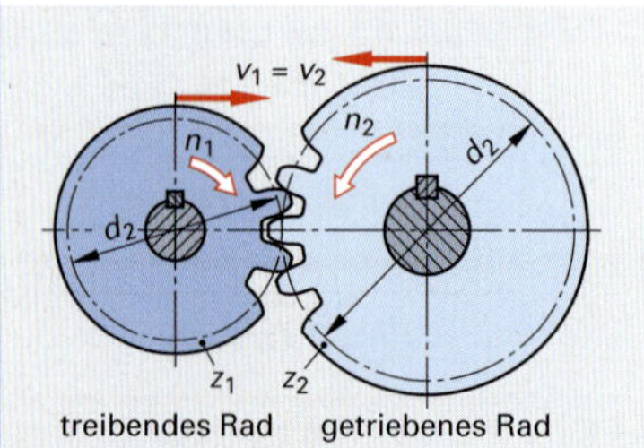

Getriebene Riemenscheiben oder Zahnräder

d_2 Durchmesser, Teilkreisdurchmesser
z_2 Zähnezahl
n_2 Drehzahl
v_2 Umfangsgeschwindigkeit

Übersetzungsverhältnis		
$i < 1$	$i > 1$	$i = 1$
Übersetzung ins Schnelle	Übersetzung ins Langsame	keine Drehzahländerung

Schneckentrieb

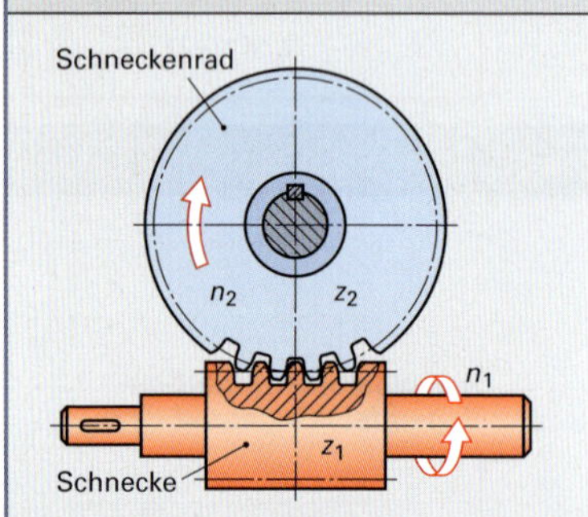

z_1 Zähnezahl (Gangzahl) der Schnecke
z_2 Zähnezahl des Schneckenrades
n_1 Drehzahl der Schnecke
n_2 Drehzahl des Schneckenrades

$$i = \frac{n_1}{n_2} = \frac{z_2}{z_1}$$

Zahnstangentrieb

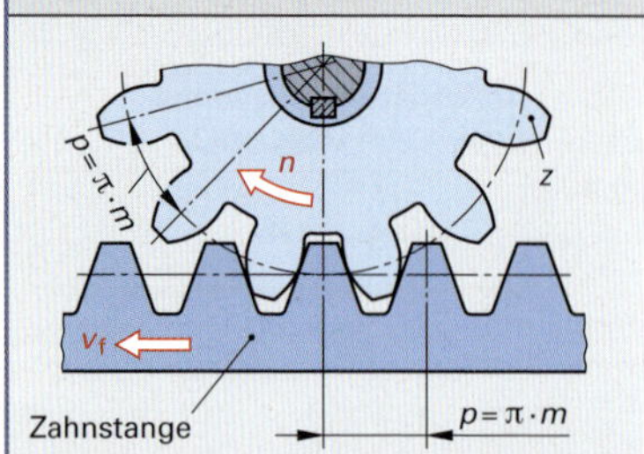

m Modul
p Teilung
s Weg der Zahnstange
α Drehwinkel des Zahnrades
n Drehzahl des Zahnrades
z Zähnezahl des Zahnrades
d Teilkreisdurchmesser des Zahnrades
v_f Vorschubgeschwindigkeit

$$s = z \cdot p \cdot \frac{\alpha}{360°}$$

Bohren, Reiben, Senken

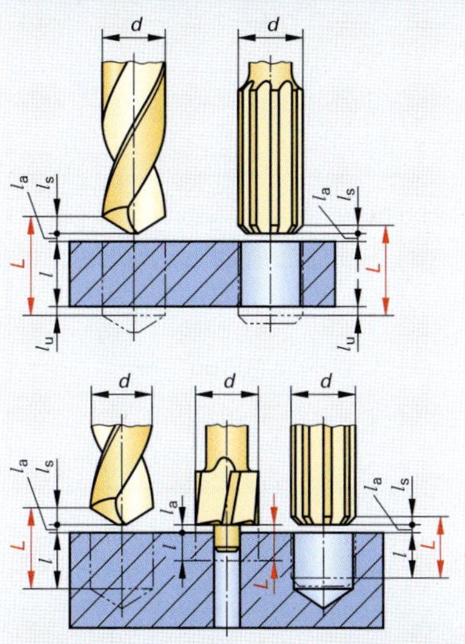

t_h Hauptnutzungszeit
L Vorschubweg
i Anzahl der Bohrungen
n Drehzahl
f Vorschub je Umdrehung
v_c Schnittgeschwindigkeit
l Bohrungstiefe
l_a Anlauf
l_u Überlauf
l_s Anschnitt
σ Spitzenwinkel
d Werkzeugdurchmesser

Anschnitt l_s			
σ	l_s	σ	l_s
80°	$0{,}6 \cdot d$	130°	$0{,}23 \cdot d$
118°	$0{,}3 \cdot d$	140°	$0{,}18 \cdot d$

$$t_h = \frac{L \cdot i}{n \cdot f}$$

$$n = \frac{v_c}{\pi \cdot d}$$

Durchgangsbohrung:

$$L = l + l_s + l_a + l_u$$

Grundlochbohrung:

$$L = l + l_s + l_a$$

Senkung:

$$L = l + l_s$$

Längs-Runddrehen und Quer-Plandrehen mit konstanter Schnittgeschwindigkeit

t_h Hauptnutzungszeit
d Außendurchmesser
d_1 Innendurchmesser
d_m mittlerer Durchmesser
d_g Übergangsdurchmesser
v_c Schnittgeschwindigkeit
f Vorschub

n_m mittlere Drehzahl
n_g Grenzdrehzahl
i Anzahl der Schnitte
a Spanungstiefe
L Vorschubweg
l_a Anlauf
l_u Überlauf

Übergangsdurchmesser

$$d_g = \frac{v_c}{\pi \cdot n_g}$$

Hauptnutzungszeit

$$t_h = \frac{\pi \cdot d_m \cdot L \cdot i}{v_c \cdot f}$$

Spanungstiefe beim Längs-Runddrehen

$$a = \frac{d - d_1}{2 \cdot i}$$

Längs-Runddrehen		Quer-Plandrehen	
ohne Ansatz	**mit Ansatz**	**Vollzylinder mit Ansatz**	**Hohlzylinder**
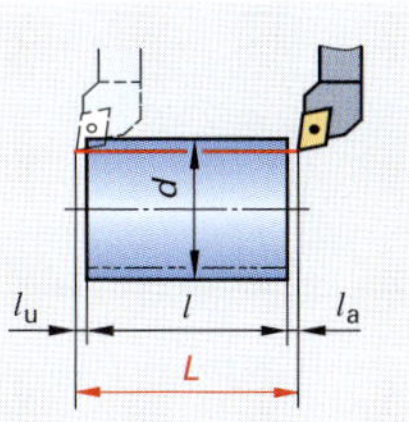	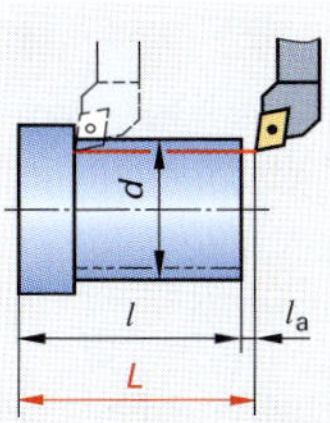	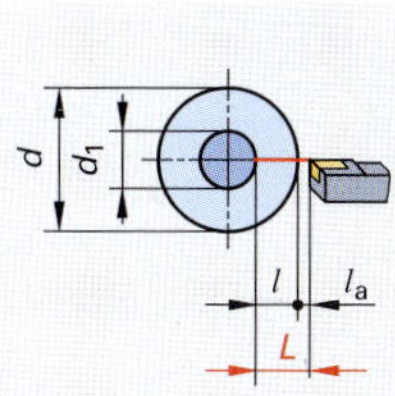	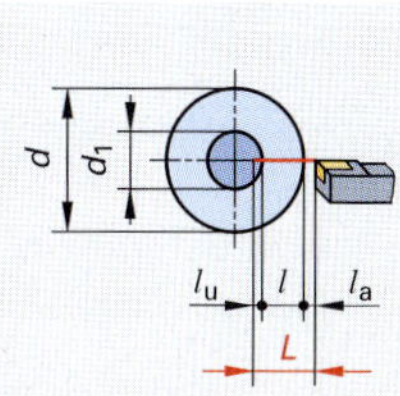
$L = l + l_a + l_u$	$L = l + l_a$	$L = \frac{d - d_1}{2} + l_a$	$L = \frac{d + d_1}{2} + l_a - l_u$
$d_m = d - a \cdot (i + 1)$		$d_m = \frac{d + d_1}{2} + l_a$	$d_m = \frac{d + d_1}{2} + l_a - l_u$

Druck, Druckeinheiten

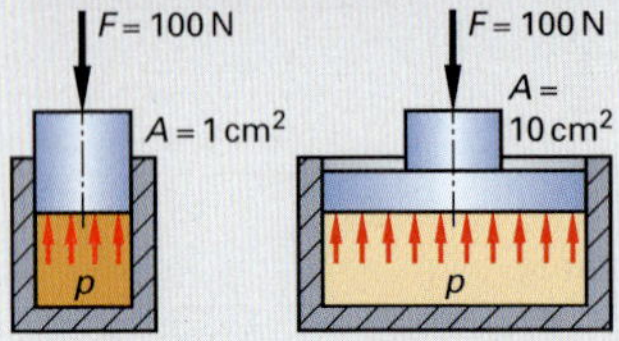

$p = \frac{F}{A} = \frac{100\,N}{1\,cm^2}$ $= 10^6 \frac{N}{m^2}$ 10 bar

$p = \frac{F}{A} = \frac{100\,N}{10\,cm^2} = 10 \frac{N}{cm^2}$ $= 10^5 \frac{N}{m^2}$ 1 bar

Bei gleich großer Kraft *F* gilt:

kleine Fläche ⇓ großer Druck

große Fläche ⇓ kleiner Druck

p Druck
F Kraft
A Fläche

$$p = \frac{F}{A}$$

1 Pa	$= 1 \frac{N}{m^2} = \frac{1}{100000}$ bar
1 bar	$= 10 \frac{N}{cm^2} = 1 \frac{daN}{cm^2}$ $= 100000$ Pa
1 mbar	= 100 Pa = 1 hPa (Hektopascal)

Schweredruck

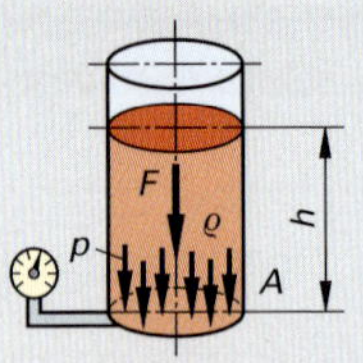

$p = \frac{F}{A}$

$F = m \cdot g$

$F = \varrho \cdot A \cdot h \cdot g$

$p = \frac{\varrho \cdot A \cdot h \cdot g}{A}$

p Schweredruck
ϱ Dichte der Flüssigkeit
g Fallbeschleunigung
h Flüssigkeitstiefe

$$p = \varrho \cdot h \cdot g$$

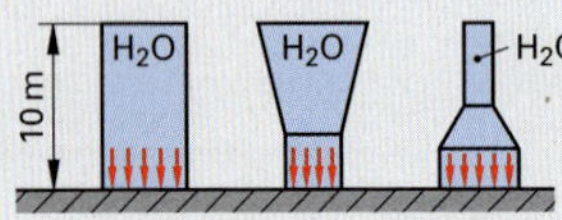

Der Schweredruck ist nur abhängig von der Höhe *h* der Flüssigkeitssäule und der Dichte ϱ der Flüssigkeit.

Luftdruck, absoluter Druck, Überdruck

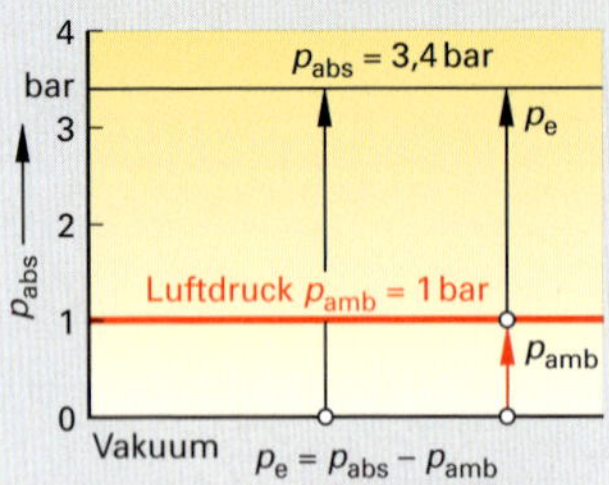

$p_e = p_{abs} - p_{amb}$
$= 3{,}4\,\text{bar} - 1\,\text{bar}$
$= 2{,}4\,\text{bar}$ Überdruck

p_e Überdruck
p_{abs} absoluter Druck
p_{amb} Luftdruck ≈ 1 bar

$$p_e = p_{abs} - p_{amb}$$

Druck, Druckeinheiten

Druck und Druckausbreitung von Gasen

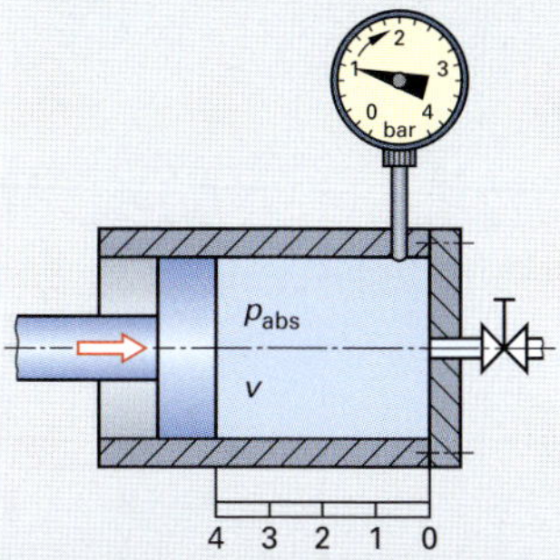

p_{abs}	absoluter Druck
p_{abs1}	absoluter Druck beim Volumen V_1
p_{abs2}	absoluter Druck beim Volumen V_2
V, V_1, V_2,	Volumen

$$p_{abs} \cdot V = \text{konstant}$$

$$p_{abs1} \cdot V_1 = p_{abs2} \cdot V_2$$

Kolbenkräfte

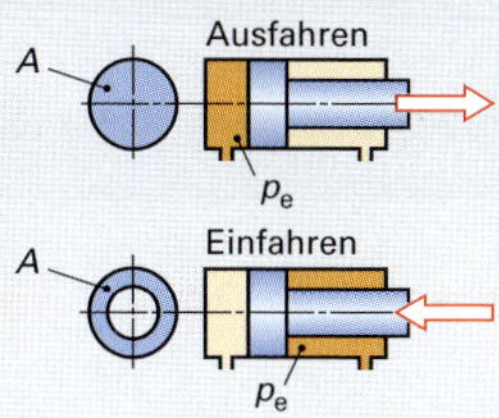

p_e	Überdruck
A	wirksame Kolbenfläche
F	wirksame Kolbenkraft
η	Wirkungsgrad des Zylinders

$$F = p_e \cdot A \cdot \eta$$

Bestimmung mithilfe eines Diagramms

Das eingezeichnete Beispiel zeigt, dass bei einem Zylinder, $d = 35$ mm, bei einem Druck $p = 6$ bar eine Kraft $F = 490$ N übertragen werden kann.

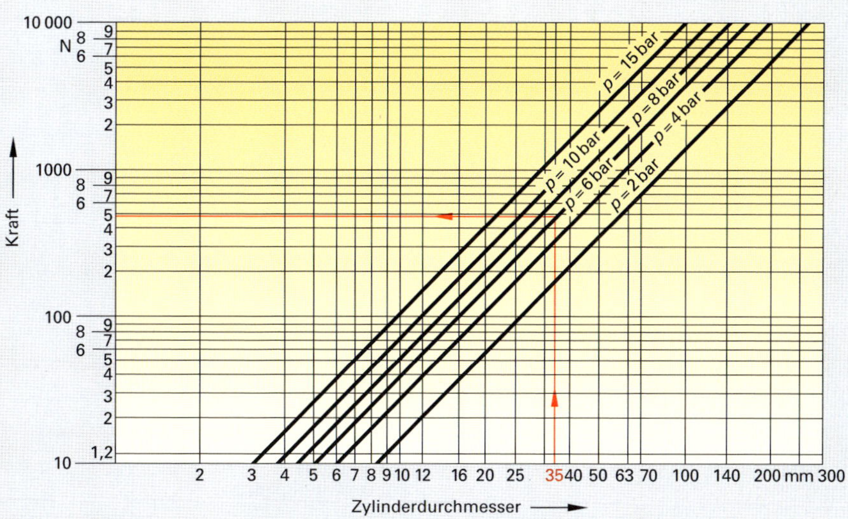

In diesem Diagramm ist ein Wirkungsgrad $\eta = 0{,}85$ berücksichtigt.

Kolbenkräfte

Kraftübersetzung

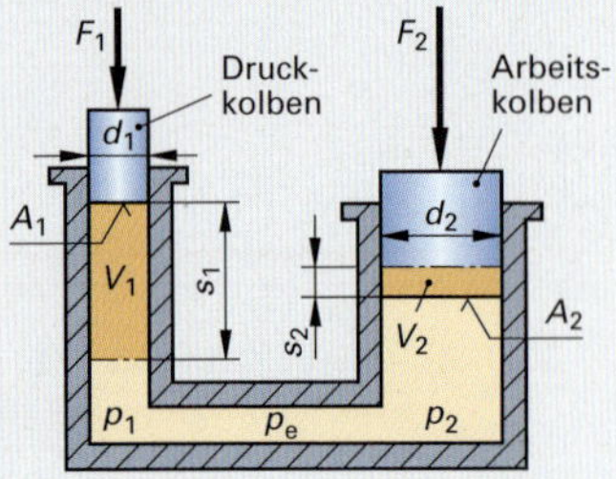

$$V_1 = V_2$$

$$p_1 = p_e = p_2$$

$$\frac{F_1}{A_1} = p_e = \frac{F_2}{A_2}$$

- F_1 Kraft am Druckkolben
- F_2 Kraft am Arbeitskolben
- d_1 Durchmesser am Druckkolben
- d_2 Durchmesser am Arbeitskolben
- A_1 Fläche am Druckkolben
- A_2 Fläche am Arbeitskolben
- s_1 Weg des Druckkolbens
- s_2 Weg des Arbeitskolbens
- V_1 verdrängtes Volumen bei s_1
- V_2 verdrängtes Volumen bei s_2
- p_e Überdruck

$$\frac{F_1}{F_2} = \frac{A_1}{A_2}$$

$$\frac{F_1}{F_2} = \frac{d_1^2}{d_2^2}$$

$$\frac{s_1}{s_2} = \frac{A_2}{A_1}$$

Kolben- und Strömungsgeschwindigkeit

Kolbengeschwindigkeit

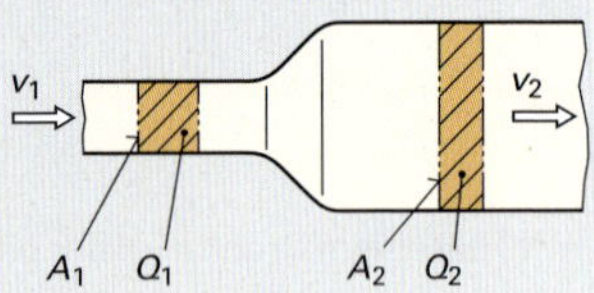

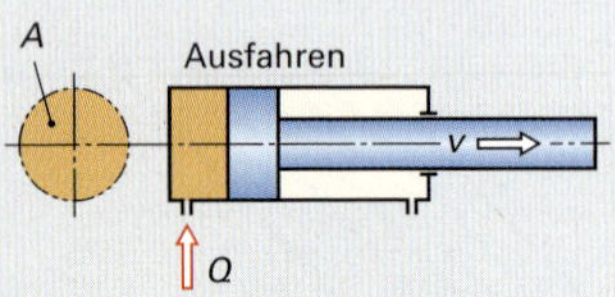

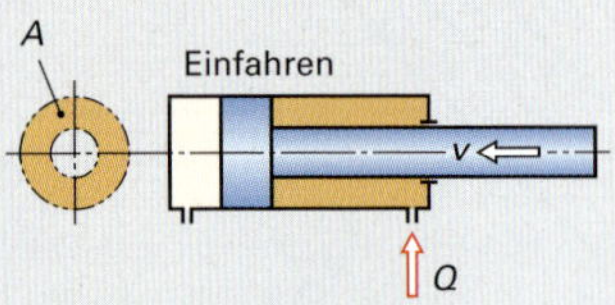

- Q, Q_1, Q_2 Volumenstrom
- A, A_1, A_2 wirksame Kolbenfläche
- v, v_1, v_2 Kolbengeschwindigkeit

$$v = \frac{Q}{A}$$

$$Q = v \cdot A$$

$$A = \frac{Q}{v}$$

Strömungsgeschwindigkeit

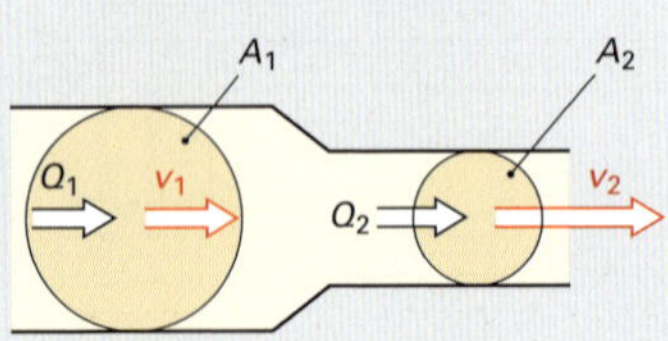

- Q, Q_1, Q_2 Volumenstrom
- A, A_1, A_2 Rohrleitungsquerschnitt
- v, v_1, v_2 Strömungsgeschwindigkeit

$$v = \frac{Q}{A}$$

$$\frac{v_1}{v_2} = \frac{A_2}{A_1}$$

Luftverbrauch pneumatischer Zylinder

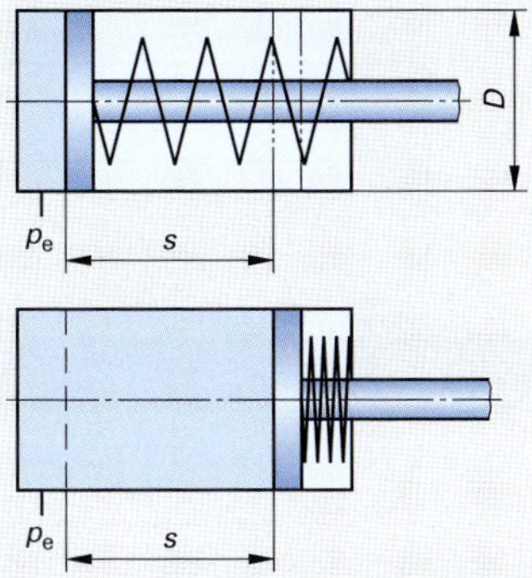

Q Luftverbrauch für einfachwirkende Zylinder
q spezifischer Luftverbrauch je 1 cm Kolbenhub
s Kolbenhub
n Hubzahl
p_e Überdruck
D Kolbendurchmesser

$$Q = q \cdot s \cdot n$$

Spezifischer Luftverbrauch q in l/cm Kolbenhub

D in mm	Druckbeaufschlagung	Betriebsdruck p_e in bar					
		3	4	5	6	7	8
20	kolbenseitig	0,013	0,016	0,019	0,022	0,025	0,029
	stangenseitig	0,011	0,014	0,016	0,019	0,021	0,024
25	kolbenseitig	0,021	0,025	0,029	0,035	0,039	0,044
	stangenseitig	0,017	0,021	0,025	0,029	0,033	0,038
32	kolbenseitig	0,032	0,040	0,048	0,056	0,064	0,072
	stangenseitig	0,028	0,035	0,042	0,049	0,056	0,062
40	kolbenseitig	0,050	0,063	0,075	0,088	0,100	0,113
	stangenseitig	0,043	0,053	0,064	0,074	0,085	0,091
50	kolbenseitig	0,078	0,098	0,118	0,137	0,157	0,177
	stangenseitig	0,066	0,083	0,100	0,116	0,132	0,149
63	kolbenseitig	0,125	0,156	0,187	0,218	0,250	0,281
	stangenseitig	0,113	0,141	0,160	0,197	0,225	0,253
80	kolbenseitig	0,201	0,253	0,302	0,352	0,403	0,453
	stangenseitig	0,182	0,227	0,272	0,318	0,364	0,408
100	kolbenseitig	0,315	0,393	0,471	0,550	0,628	0,707
	stangenseitig	0,294	0,366	0,440	0,516	0,585	0,658

Bei einfachwirkenden Zylindern ist der spezifische Luftverbrauch q aus der Zeile „kolbenseitig" zu entnehmen.

Ohmsches Gesetz

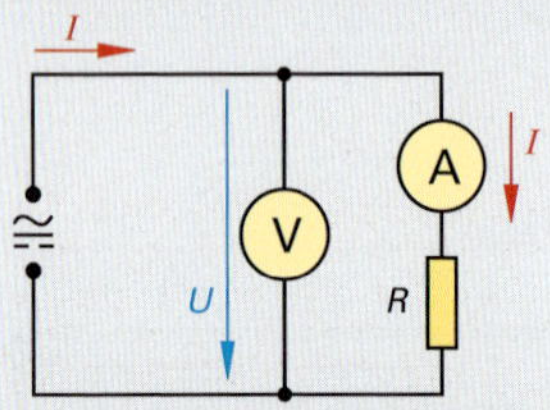

U Spannung
I Stromstärke
R Widerstand

$$I = \frac{U}{R}$$

$$1\,\text{A} = \frac{1\,\text{V}}{1\,\Omega}$$

$$1\,\text{V} = 1\,\Omega \cdot 1\,\text{A}$$

$$1\,\Omega = \frac{1\,\text{V}}{1\,\text{A}}$$

Leiterwiderstand

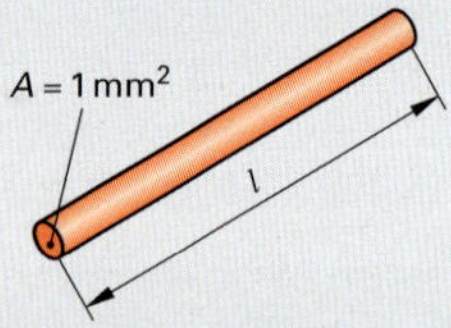

R Widerstand
A Leiterquerschnitt
l Leiterlänge
ϱ spezifischer elektrischer Widerstand

$$R = \frac{\varrho \cdot l}{A}$$

Reihenschaltung von Widerständen

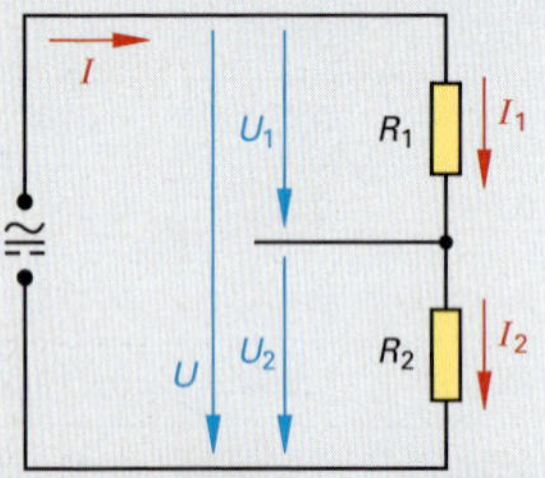

R Gesamtwiderstand
R_1, R_2 Einzelwiderstände
I Gesamtstrom
I_1, I_2 Teilströme
U Gesamtspannung
U_1, U_2 Teilspannungen

$$I = I_1 = I_2 = \ldots = I_n$$

$$I = \frac{U}{R} = \frac{U_1}{R_1} = \frac{U_2}{R_2} = \ldots = \frac{U_n}{R_n}$$

$$U = U_1 + U_2 + \ldots + U_n$$

$$R = R_1 + R_2 + \ldots + R_n$$

Parallelschaltung von Widerständen

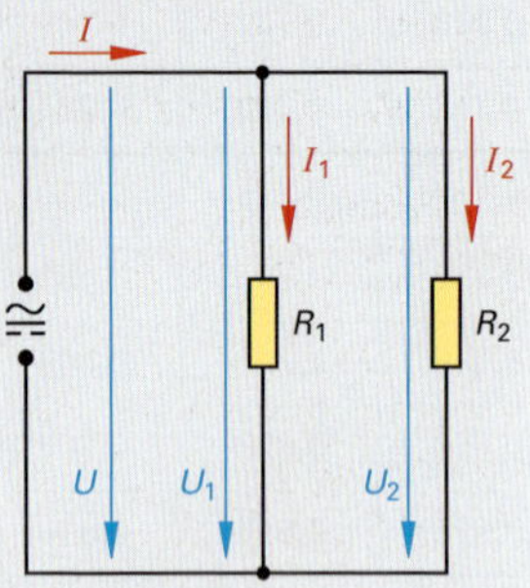

R Gesamtwiderstand
R_1, R_2 Teilwiderstände
I Gesamtstrom
I_1, I_2 Teilströme
U Gesamtspannung
U_1, U_2 Teilspannungen

$$U = U_1 = U_2 = \ldots = U_n$$

$$\frac{I}{I_1} = \frac{R_1}{R} \quad \frac{I_1}{I_2} = \frac{R_2}{R_1} = \ldots$$

$$I = I_1 + I_2 + \ldots + I_n$$

$$\frac{1}{R} = \frac{1}{R_1} + \frac{1}{R_2} + \ldots + \frac{1}{R_n}$$

$$R = \frac{R_1 \cdot R_2}{R_1 + R_2}$$

Elektrische Arbeit

W elektrische Arbeit
P elektrische Leistung
t Zeit (Einschaltdauer)

$$W = P \cdot t$$

1 W · s = 1 J = 1 N · m
1 kW · h = 3600 kJ
1 kW · h = $3{,}6 \cdot 10^6$ J

Elektrische Leistung

Gleich- oder Wechselstrom

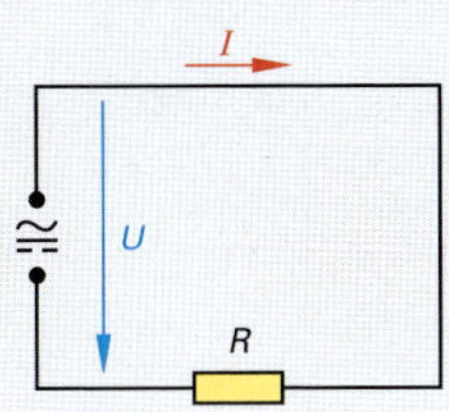

Wechselstrom

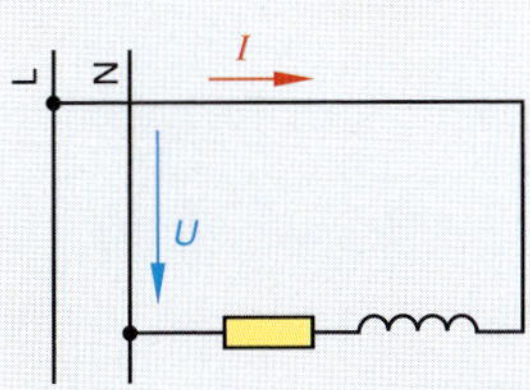

Drehstrom (Dreiphasen-Wechselstrom)

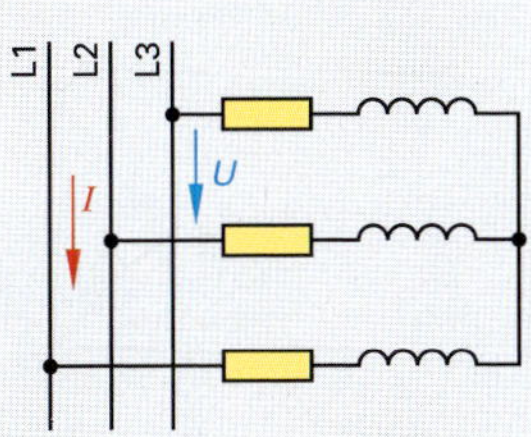

P elektrische Leistung
U Spannung
I Stromstärke
R Widerstand
cos *φ* Leistungsfaktor

Elektrische Leistung bei Gleichstrom und Wechselstrom mit ohmscher Belastung:

$$P = U \cdot I$$

$$P = I^2 \cdot R$$

$$P = \frac{U^2}{R}$$

1 W = 1 V · 1 A
$1\ \text{W} = 1\ \frac{\text{N} \cdot \text{m}}{\text{s}} = 1\ \frac{\text{J}}{\text{s}}$

Elektrische Leistung bei Wechselstrom:

$$P = U \cdot I \cdot \cos\varphi$$

1 kW = 1000 W
1 MW = $1 \cdot 10^6$ W

Wirkleistung bei induktionsfreiem Strang:

$$P = \sqrt{3} \cdot U \cdot I$$

Wirkleistung bei induktivem Lastanteil:

$$P = \sqrt{3} \cdot U \cdot I \cdot \cos\varphi$$

Logische Grundfunktionen

e, e_1, e_2 Eingangssignale A, A_1, A_2 Ausgangssignale

Funktion	Bildzeichen DIN 40900	Arbeitstabelle Gleichung	Realisierung DIN 40713	Realisierung DIN/ISO 1219
JA	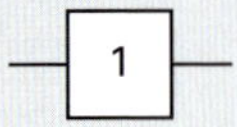	e | A 0 | 0 1 | 1 $e = A$	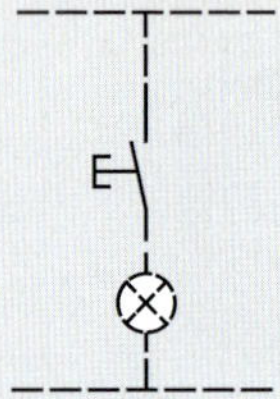	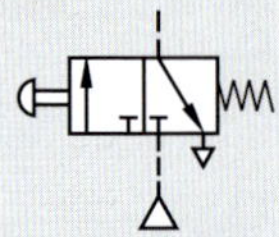
NEIN NICHT	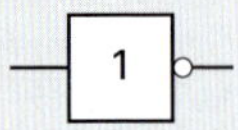	e | A 0 | 1 1 | 0 $e = \bar{A}$	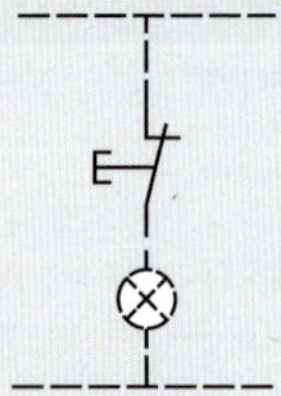	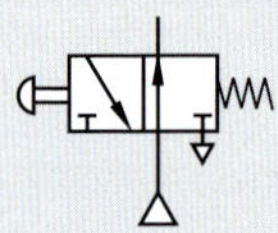
UND	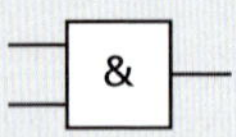	e_1 e_2 | A 0 0 | 0 1 0 | 0 0 1 | 0 1 1 | 1 $e_1 \wedge e_2 = A$	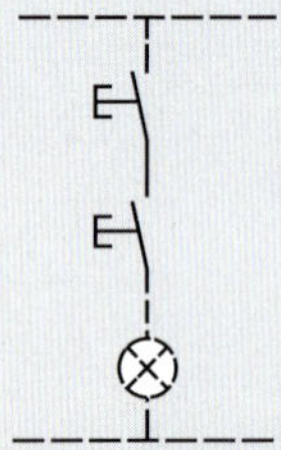	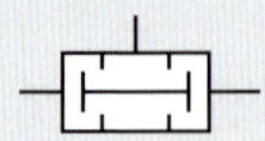
ODER	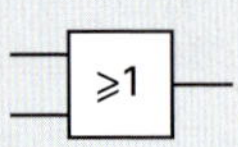	e_1 e_2 | A 0 0 | 0 1 0 | 1 0 1 | 1 1 1 | 1 $e_1 \vee e_2 = A$	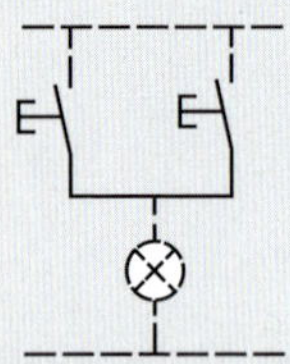	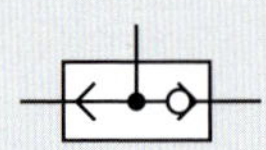
WECHSLER	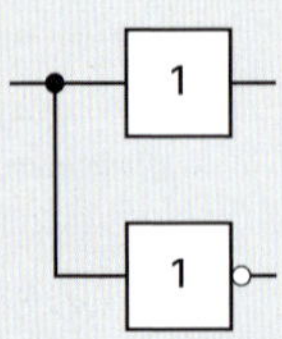	e_1 | A_1 | A_2 0 | 0 | 1 1 | 1 | 0	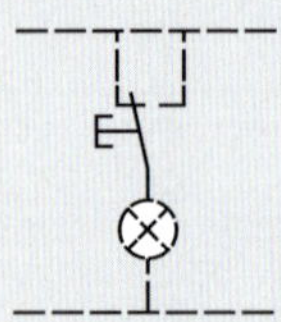	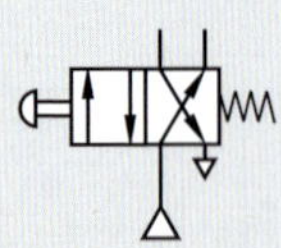

Berechnung der Einzelkosten

Die Kostenrechnung wird in drei Hauptbereiche eingeteilt. In dem jeweiligen Bereich wird errechnet, wodurch Kosten verursacht werden (**A**), wo Kosten auftreten bzw. wofür Kosten entstanden sind (**B**) und wie die Kosten getragen werden (**C**).

Hauptbereiche der Kostenrechnung		
A Kostenartenrechnung	**B** Kostenstellenrechnung	**C** Kostenträgerrechnung
• Material • Personal • Fremdleistungen . . .	• Fertigung • Lager • Konstruktion • Verwaltung . . .	• Produkt • Stück • Dienstleistung . . .

MEK Materialeinzelkosten
m_M verbrauchtes Material
K_M Materialpreis
n_h Anzahl der Stunden
FLK Fertigungslohnkosten
K_L Stundenlohn

$$MEK = m_M \cdot K_M$$

$$FLK = n_h \cdot K_L$$

Berechnung der Gemeinkostenzuschlagssätze

Die Kostenstellenrechnung liefert Zuschlagssätze, die für die Kalkulation die entsprechenden Zuschläge ergeben. Zur Berechnung der Zuschlagssätze werden die jeweiligen Summen einem Betriebsabrechnungsbogen für einen Abrechnungszeitraum entnommen.

FGK Fertigungsgemeinkosten
MGK Materialgemeinkosten
VwGK Verwaltungsgemeinkosten
VtGK Vertriebsgemeinkosten
FLK Fertigungslohnkosten
HK Herstellkosten
FGKZ Fertigungsgemeinkostenzuschlag
MGKZ Materialgemeinkostenzuschlag
VwGKZ Verwaltungsgemeinkostenzuschlag
VtGKZ Vertriebsgemeinkostenzuschlag
MEK Materialeinzelkosten (Lagerbestand)

$$FGKZ = \frac{\Sigma FGK \cdot 100\%}{\Sigma FLK}$$

$$MGKZ = \frac{\Sigma MGK \cdot 100\%}{MEK}$$

$$VwGKZ = \frac{\Sigma VwGK \cdot 100\%}{\Sigma HK}$$

$$VtGKZ = \frac{\Sigma VtGK \cdot 100\%}{\Sigma HK}$$

Berechnung der Herstell- und Selbstkosten

Einfache Zuschlagskalkulation

Bei der einfachen Zuschlagskalkulation (im Handwerk gebräuchlich) werden alle Gemeinkosten mit einem einzigen Zuschlagssatz einer Bezugsgröße zugerechnet. Bei lohnintensiven Betrieben erfolgt der Zuschlag auf die Fertigungslöhne, bei materialintensiver Produktion auf das Fertigungsmaterial.

MEK Materialeinzelkosten
HK Herstellkosten
SK Selbstkosten
FLK Fertigungslohnkosten
GK Gemeinkostensatz
GKZ Gemeinkostenzuschlag
MK Materialkosten
FK Fertigungskosten

$$GK = FLK \cdot GKZ$$

$$GK = MK \cdot GKZ$$

$$HK = MEK + FLK + GK$$

Berechnung der Herstell- und Selbstkosten

Differenzierende Zuschlagskalkulation

Bei der differenzierenden Zuschlagskalkulation werden die Gemeinkosten aufgeteilt. Eine weitere Verfeinerung ist möglich, indem die Fertigungslöhne in einzelne Kostenstellen gegliedert werden. Jede dieser Kostenstellen wird einzeln bezuschlagt. Die Gemeinkostenzuschlagssätze werden aus dem Betriebsabrechnungsbogen ermittelt.

MEK	Materialeinzelkosten	*FLK*	Fertigungslohnkosten	*MK*	Materialkosten
HK	Herstellkosten	*GK*	Gemeinkostensatz	*FK*	Fertigungskosten
SK	Selbstkosten	*GKZ*	Gemeinkosten-zuschlag	*MGK*	Materialgemeinkosten
FGK	Fertigungsgemein-kosten	*VwGK*	Verwaltungs-gemeinkosten	*VVGK*	Vertriebs- und Verwaltungsgemein-kosten
SEF	Sonderkosten der Fertigung	*VtGK*	Vertriebs-gemeinkosten		

Schema des Lösungsweges

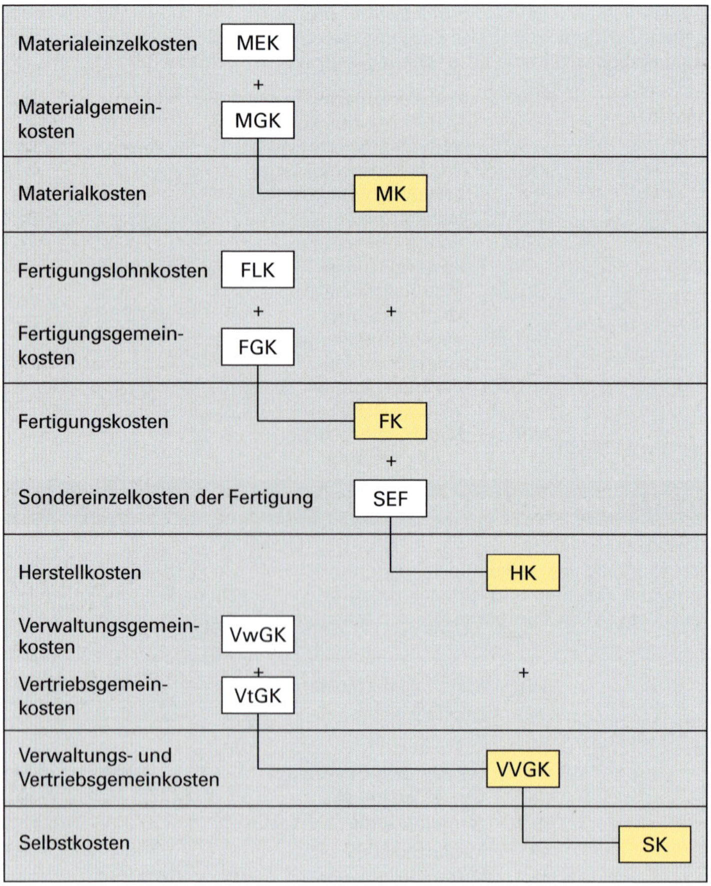

Sachwortverzeichnis

O

P

Q

R

S

T

U

V

W

Z